LE SHAR-PEI

Isabella Pizzamiglio

LE SHAR-PEI

ÉDITIONS DE VECCHI S.A.
52, rue Montmartre
75002 PARIS

Dessins : A. Marengoni

Photos de couverture : © Français / Cogis ; © V.Grossemy / Cogis ; © Halle / Cogis

Traduction : Raffaella Ruggeri

Imprimé en Italie

Sommaire

Préface

Durant ces dernières années, la cynophilie a subi des transformations considérables. En effet, le nombre de ceux qui souhaitent posséder un chien, notamment un chien de race, augmente de plus en plus. Le chien n'est plus considéré comme une aide précieuse dans différents domaines, mais comme un ami avec lequel on peut passer son temps libre et partager des expériences différentes, à travers une relation particulière entre homme et animal. Afin de satisfaire les exigences d'un nombre croissant de lecteurs, l'éditeur a créé cette collection cynophile intitulée « Chiens de race ». Elle complète celle qui existe déjà et a pour objectif de transmettre un message plus direct et immédiat grâce à un texte simple et de nombreuses illustrations.

Le Shar-pei est une race peu connue, qui présente des exigences particulières ; les caractéristiques fondamentales sont les plis cutanés et la tête, qui n'est pas sans rappeler celle d'un hippopotame.

Ces chiens ont également un caractère particulier, plein d'orgueil et de dignité, qu'ils associent à une certaine réserve typique du monde oriental dont ils sont originaires. Ils sont sûrs d'eux, très forts et dominateurs, tendant à imposer leur volonté également sur les hommes. Ils ne sont pas adaptés à tous, mais, malgré leur obstination, ils savent se faire apprécier par leurs qualités.

Les origines de cette race remontent loin dans le temps, mais ce n'est que très récemment qu'elle a été redécouverte et rapidement

elle a gagné l'intérêt de beaucoup de passionnés, notamment aux États-Unis, pays où la race est particulièrement répandue.
L'auteur est une cynophile passionnée, éleveur de Shar-pei avec son remarquable affixe « Khambaliq », avec lequel elle a produit nombre de champions italiens et internationaux, appréciés dans le monde entier.
Dans ce texte sont considérés les différents aspects de la race, comme les origines et la diffusion, les caractéristiques ethniques, morphologiques et du comportement, tout en donnant des conseils utiles pour élever et prendre soin d'un Shar-pei de la meilleure façon possible.
Au texte spécifique sur la race ont été ajoutés des chapitres qui traitent des aspects techniques de caractère général, ainsi : « Comment comprendre son chien et s'en faire comprendre » par le docteur M. Verga, professeur d'éthologie zootechnique à l'université de Milan, « La reproduction », « L'alimentation », « La santé et l'hygiène », par le docteur C. Cristofalo et par moi-même.
Les dessins ont été réalisés par l'architecte A. Marengoni.
L'éditeur tient à remercier particulièrement tous ceux qui ont mis à sa disposition du matériel photographique contribuant à enrichir cet ouvrage et à en rendre la lecture plus agréable.

LE DIRECTEUR DE LA COLLECTION,
PROFESSEUR L. GUIDOBONO CAVALCHINI

Les origines

Des dragons de bronze, le front sillonné de rides sinueuses qui se prolongent le long du dos, veillent sur les tombeaux de la dynastie des Han (206 av. J.-C.) : c'est à cette époque lointaine que commence l'histoire du Shar-pei. L'homme, avant de le reproduire sur bronze, l'avait créé en chair et en os. Le résultat donne un chien puissant, compact, compagnon fidèle en famille, vaillant combattant, gardien jaloux de la propriété, des troupeaux, et bon chasseur. Au début du siècle, le Shar-pei était connu sous le nom de « chien de combat chinois », et il était apprécié uniquement par ceux qui s'adonnaient à cette activité : les Chinois qui se passionnaient pour le divertissement fort discutable du combat entre chiens. Les Chinois aimaient beaucoup parier sur tout, par conséquent, les combats entre coqs, chiens et même entre insectes étaient très répandus.

Le Shar-pei vit depuis des siècles dans les régions qui bordent la mer méridionale de Chine : on pense que sa ville originaire est Dah Let, dans la province de Kwan Tung, à côté de Canton. Il y a deux mille ans, c'était le chien à tout faire, il était utilisé par les paysans durant la chasse au sanglier, en chien de berger pour protéger les troupeaux, mais surtout comme chien de garde afin de protéger la maison du maître. Il a été élevé de façon sélective pour son intelligence, sa résistance et son air de guerrier renfrogné qui inspire de la crainte. Tout petit, le chiot devait faire preuve d'intelligence dans les tâches qui lui étaient imposées, sinon, il était abattu et mangé.

Chiots de l'élevage A-Capella (États-Unis). Photo exceptionnelle et très célèbre (photo Harkins)

CHIEN PORTE-BONHEUR

Le Shar-pei est considéré par les Chinois et les Américains comme un chien porte-bonheur. Cette croyance est probablement liée à ses origines : le Shar-pei vainqueur portait bonheur à ceux qui avaient parié sur sa victoire, et plus encore s'il était noir.

Il est intéressant de remarquer que la dynastie Han en Chine correspond plus ou moins à la période de l'Empire romain. Mais, alors qu'en Occident les chiens étaient souvent dressés pour le combat, entre eux et contre les ours ou les lions, en Chine aucun document ne montre que le chien était utilisé à cette fin pendant la période Han. Jean Yu, un orientaliste de Washington D.C. qui a accompli de nombreuses recherches à ce sujet, confirme qu'à cette époque les Shar-pei étaient essentiellement employés à des fins utilitaires. C'est au cours des époques suivantes, à cause de leur aspect, de leur courage et de leur force, qu'ils furent

transformés en combattants par des éleveurs désireux d'en exploiter les caractéristiques belliqueuses en perfectionnant certains caractères de la race que nous connaissons mieux aujourd'hui.

Le poil épineux a été sélectionné afin d'être désagréable dans la bouche de l'adversaire ; le caractère élastique de la peau a été transformé et accru afin que le chien puisse se tourner, une fois attrapé par son ennemi, sans avoir de blessures irrémédiables ; les canines sont devenues crochues afin de garantir une bonne prise.

Pendant la mise en œuvre de ces transformations génétiques, d'autres races, comme le Mastiff et le Bulldog, ont été exportées de l'Europe vers la Chine et furent, elles aussi, utilisées pour les combats. Le chien des Han n'a pas pu faire face à ces races plus grandes et plus féroces, leur élevage fut donc abandonné peu à peu et, en raison de la faiblesse de la demande, les sujets de cette race diminuèrent de plus en plus.

En fait, la destruction des races canines eut lieu en Chine avec la montée du communisme. Au début, on imposa aux propriétaires de chiens, considérés comme un luxe, des taxes exorbitantes.

En 1947 on décréta que les chiens devaient servir à nourrir la population. Dans les années cinquante, quelques chiens de la dynastie des

LE NOM

Le nom « Shar-pei » dérive de deux idéogrammes chinois, shu, *qui veut dire « sable », et* pei, *qui signifie « peau », donc « peau de sable ». Cependant, reste à savoir si sable se réfère à la couleur (en effet la couleur originelle du Shar-pei ressemble au sable, dans ses diverses tonalités, comme le miel) ou s'il se réfère à la texture particulière de la robe : si l'on caresse le chien à rebrousse-poil, on a en effet l'impression de toucher du sable. D'autres encore interprètent le sable comme une référence aux dunes du désert, en y retrouvant les plis de la robe.*

Han ont échappé au massacre grâce à des passionnés de Macao et Hong Kong, mais la race a vraiment été sur le point de disparaître à jamais.

Le Shar-pei a des origines communes avec le Chow-Chow, avec lequel il partage la caractéristique de la langue bleue ; de plus, la structure physique, l'angulation des membres postérieurs et le port de la queue sont semblables, les oreilles sont portées différemment mais ont la même forme, et les couleurs, du moins celles d'origine, le noir et le feu, sont les mêmes.

Dans les années soixante, un jeune cynophile de Hong Kong, Matgo Law, encore étudiant, reçut en cadeau d'un ami de sa famille un chiot et se passionna tellement pour cette race qu'il entama une recherche auprès des propriétaires de chiens de combat pour trouver les sujets les plus représentatifs. Au préalable, il avait mené une recherche auprès des Anciens afin de recueillir le maximum d'informations sur le chien d'origine. Voilà comment un exemplaire du magazine *Dogs* de mai 1971 finit entre ses mains : il montrait la photo d'un Shar-pei avec cette légende : « C'est probablement le dernier sujet survivant de cette race ». Or Matgo possédait déjà certains sujets et, avec un autre passionné de Hong Kong, il décida de lancer une opération de sauvetage afin que cette race ne disparaisse pas définitivement. Ces deux passionnés, craignant que Hong Kong ne passe à nouveau à la Chine populaire et que par conséquent les chiens aient le même destin que leurs prédécesseurs, décidèrent d'exporter la race de Hong Kong. Ils écrivirent à Marjorie Farnsworth, éditeur à l'époque du journal *Dogs*. Dans sa lettre, Matgo fournit un programme détaillé en annexant des photographies de chiots qu'il avait trouvés au cours de ses investigations. La lettre se terminait par une demande d'aide aux cynophiles américains.

La publication de la lettre et des photographies dans le mensuel *Dogs* en avril 1973 permit au Shar-pei de

LA LANGUE BLEUE

Les Shar-pei et les Chows-Chows sont les seuls chiens qui aient la langue bleue. Le Shar-pei naît avec la langue complètement rose, mais dès la première semaine celle-ci commence à changer de coloration. Cela peut avoir lieu graduellement et de façon généralisée, ou après l'apparition de petites taches bleues qui deviennent de plus en plus grandes et finissent par couvrir toute la surface de la langue.

Il semble que le Chien jaune de Chine et le Phu quoc, *ou Lévrier siamois, qui n'existent plus aujourd'hui, avaient la langue bleue. Par ailleurs, curieusement, l'ours polaire et la girafe ont également la langue bleue.*

sortir des ténèbres de l'oubli. Il s'agit là d'une date fondamentale du point de vue historique, car elle marque le sauvetage définitif de la race. Deux cents lettres environ arrivèrent à Hong Kong, et bon nombre d'entre elles étaient écrites par des éleveurs désireux de se procurer un couple. Or, puisque les sujets existants n'étaient qu'une douzaine, certains éleveurs durent attendre un peu avant de les recevoir aux États-Unis.

Tous les Shar-pei existants descendent de Down Homes Sweet Pea, Down Momes Oriental Star et Down Homes Harmony. Ce qui paraît sur-

Ch. d'Afrique du Sud Khambaliq Leonardo. Propriétaire : L. Zetler

prenant, c'est que le Hong Kong Kennel Club ne reconnut la race qu'en 1989 ; les chiots nés à Hong Kong dans les années soixante-dix avaient un pedigree de la Hong Kong and Kowloon Association. C'est aux Américains que l'on doit leur diffusion. Ils ont paru dans au moins six cents magazines et, en 1974, le *Guinness des records* les considérait comme les chiens les plus rares au monde puisqu'il n'y avait que qua-

Fearghas Gee-Ko-Laik, mère de nombreux « Best of Breed » britanniques. Éleveur : Heather Sweeting. Propriétaire : Glenda Parkes

rante-cinq sujets. Puis, ils ont fait leur apparition dans des émissions télévisées et dans le film de Walt Disney *Billion dollar Hobò* où deux des protagonistes avaient un couple de Shar-pei. Grâce à Ernest Albright, le Shar-pei s'implanta aux États-Unis ; il fut l'un des premiers à importer de Hong Kong cette race et sillonna son pays afin de faire connaître les caractéristiques si rares de ce chien. Ses Shar-pei furent les vedettes de beaucoup d'émissions télévisées. Et c'est encore Ernest Albright qui fonda en 1974 le *Chinese Shar-pei Club of America* qui a tenu le Livre des origines jusqu'en mai 1992, date où l'American Kennel Club (AKC) reconnut cette race. En juin 1992, l'AKC enregistra environ

LES SHAR-PEI AMÉRICAINS

Quand cette race a commencé à se faire connaître en Europe, il est évident que ceux qui voulaient posséder un Shar-pei s'adressaient au pays qui comptait le nombre de sujets le plus élevé au monde : les États-Unis. Malheureusement l'American Kennel Club ne reconnaissait pas cette race, par conséquent, les Shar-pei américains avaient un pedigree qui émanait du Club des Shar-pei américains (CSPCA), mais ce certificat n'était pas reconnu par la FCI (Fédération cynologique internationale). Cet état de fait posait de nombreux problèmes aux propriétaires de Shar-pei en provenance des États-Unis, car ces sujets ne pouvaient pas participer aux expositions canines, et, même s'ils étaient admis après avoir été reconnus par la SCC (Société centrale canine, fédération agréée par le ministère de l'Agriculture), ils ne pouvaient pas devenir champions.

De gauche à droite, Fearghas Black Pearl (le premier Shar-pei arrivé en Grande-Bretagne en 1980), Willowledge Razzamatar et ZL's Black Opal of Fearghas. On peut noter le type chinois, aujourd'hui dépassé. Propriétaire : Heather Sweeting

cent mille sujets : un succès pour une race qui a failli disparaître.
Le Shar-pei arriva en Europe en 1978 grâce à Joachim Weinberger et à Linda Reinelt, qui importèrent deux sujets des États-Unis : Bedlam's Lover Boy et Bedlam's Love Song. Au Luxembourg, Bedlam's Lover Boy fut le premier champion Shar-pei. Les deux importateurs œuvrèrent pour que la race soit reconnue de la Fédération cynologique internationale (FCI) avec le premier standard qui avait été dressé par Matgo Law. Tout de suite après arriva de Hong Kong Down Homes Cream Zulu, qui a été l'apport le plus important pour la race européenne.

En France, l'apparition du Shar-pei a été tardive comparée à d'autres pays européens tels l'Allemagne, la Grande-Bretagne, le Danemark, les Pays-Bas. Les premiers Shar-pei furent importés par M. et Mme Mourvelat fin 1981 alors qu'il y en avait quelque six cents aux États-Unis, mais ce premier couple de Shar-pei n'eut pas une vie très longue à cause des conditions de voyage épuisantes. Ensuite les Mourvelat firent venir du Canada Chita et sa sœur Ya Yo, deux femelles noires et, de Taiwan, Bojar, un mâle fauve, et Laïfu, un mâle noir, puis deux femelles fauves. Les Shar-pei firent leur première apparition en public en

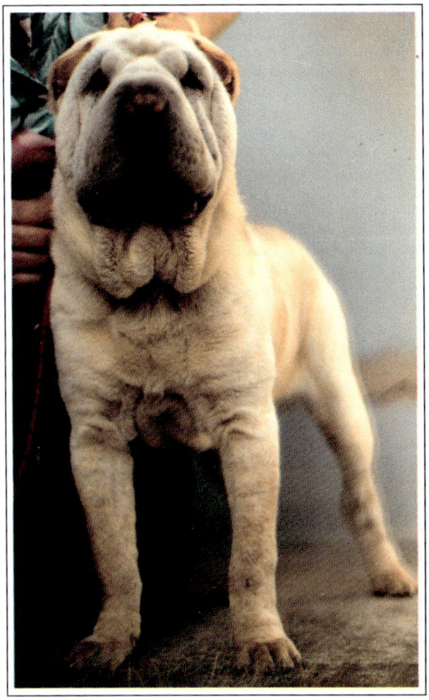

Ch . all., dan., int., mond. Tshimao's Nanjing. Éleveur et propriétaire : Linda Reinelt. Mme Reinelt a été la première à importer un Shar-pei en Europe

1983 au Salon de l'agriculture à Paris. Le premier champion français a été une femelle noire : Miss Lutta Ming Ming. La mise en stage d'affiliation du SPCF (Shar-pei Club de France) par la SCC, le 1er avril 1986, aboutit à son affiliation définitive le 21 juin 1988.

Ch. all., lux. Bedlam's Lover Boy est le premier Shar-pei arrivé en Europe en 1979 et le premier champion de la race. Propriétaires : L. Reinelt et J. Weinberger

Les premiers Shar-pei, en provenance de Hong Kong, arrivés en Italie en 1984 : Down Homes Ding Dong et Down Homes Fancy Child. Éleveur : Matgo Law. Propriétaire et photo : I. Pizzamiglio

Le standard

Bien que le 25 janvier 1994 la Fédération cynologique internationale ait reconnu, adopté et divulgué aux diverses associations qui dépendent d'elle le standard du Kennel Club de Hong Kong, qui se trouve à la fin de ce chapitre (voir pages 35-39), le standard reconnu par tous les éleveurs européens, et généralement adopté par tous les juges français et étrangers pour l'évaluation lors des expositions nationales et internationales, est encore le standard FCI n° 309 du 30 juin 1981 (Traduction du professeur R. Triquet).

L'aspect général

Le Shar-pei est un chien ramassé, compact, actif, solide et carré, bien planté.

Grâce à sa structure et à sa musculature forte et puissante, il se situe sans aucun doute parmi les animaux en mesure de se procurer leur nourriture ; en effet, il chasse particulièrement tout animal en mouvement, notamment des petits animaux tels que les rats, les oiseaux, les lézards, qui deviennent ses proies.

La tête et le crâne

Le crâne est plat et large, plutôt grand en comparaison du corps ; peu de stop. Une profusion de rides fines couvre le front et les joues ; elles se prolongent vers le bas pour former de lourds fanons. Le museau est de longueur modérée et d'égale largeur des yeux jusqu'à la truffe

SQUELETTE

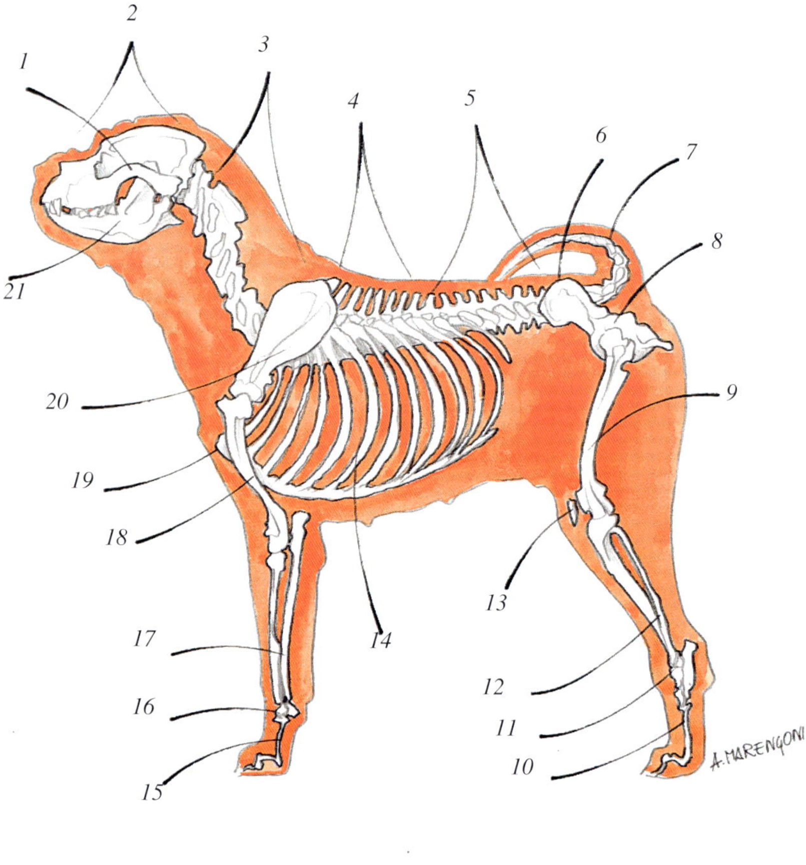

1. Arcade zygomatique ; 2. Crâne ; 3. Vertèbres cervicales ; 4. Vertèbres thoraciques ; 5. Vertèbres lombaires ; 6. Sacrum ; 7. Vertèbres caudales ; 8. Bassin ; 9. Fémur ; 10. Métatarse ; 11. Tarse ; 12. Tibia et péroné ; 13. Rotule ; 14. Cage thoracique ; 15. Métacarpe ; 16. Carpe ; 17. Radius et cubitus (ou ulna) ; 18. Humérus ; 19. Sternum ; 20. Omoplate ; 21. Mandibule

PARTIES DU CORPS

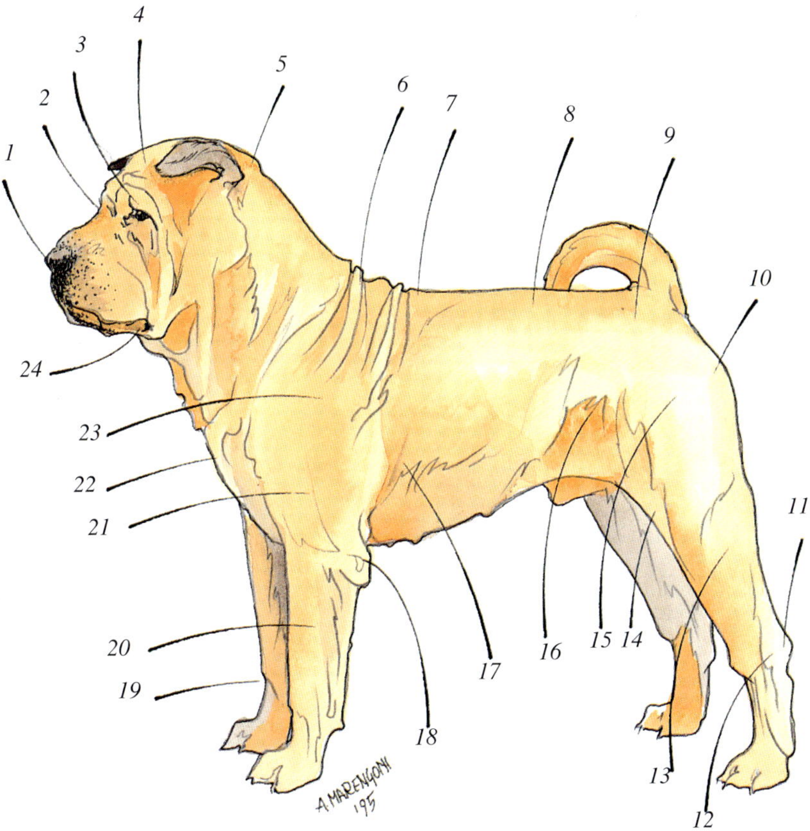

1. Truffe ; 2. Stop ; 3. Arcade sourcilière ; 4. Front ; 5. Occiput ; 6. Garrot ; 7. Dos ; 8. Reins ; 9. Croupe ; 10. Pointe du fessier ; 11. Pointe du jarret ; 12. Jarret ; 13. Jambe ; 14. Genou ; 15. Cuisse ; 16. Pli du grasset ; 17. Thorax ; 18. Coude ; 19. Carpe ; 20. Avant-bras ; 21. Bras ; 22. Poitrail ; 23. Épaule ; 24. Commissure des lèvres

Très beau sujet à poil court : Ch. Glimmer Glen's Chop Sooy Looy. Propriétaires : Catherine Schneider et Linda McCloy (photo Harkins)

(sans présenter aucune suggestion de rétrécissement, mais rappelant plutôt la gueule de l'hippopotame).

La truffe

La truffe est noire, importante, large. On rencontre occasionnellement des chiens crème avec une truffe de couleur brique, et des chiens beiges ayant une truffe brune, mais un noir est préférable.

Les yeux

Foncés, petits, en amande et profondément enfoncés dans les orbites. Les chiens beiges et crème ont parfois des yeux clairs. L'œil profondément enchâssé et les rides qui couvrent le front accentuent encore plus l'expression austère du chien.

Les dimensions des yeux, leur position et leur forme représentaient, pour les chiens utilisés dans les combats, un avantage remarquable car pour l'adversaire ils étaient difficiles à atteindre. Tou-

TÊTE

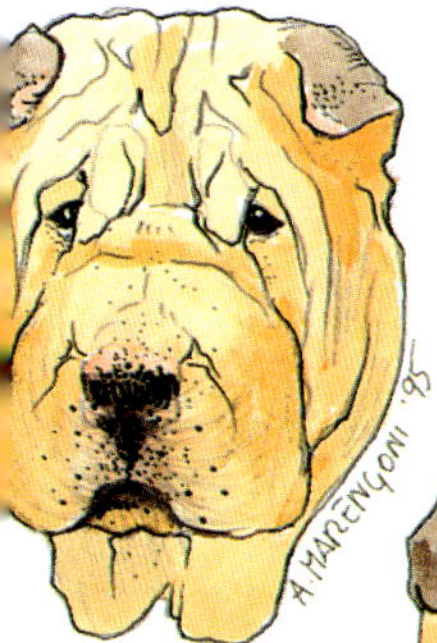

correcte

joues pas assez pleines

abondance excessive de rides

tête correcte, mais yeux trop ouverts

Bel exemple de tête avec des oreilles bien attachées. Vanden Plas O-Lee-Veer. Éleveur et propriétaire : Glenda Parkes

tefois, la quantité de peau autour des yeux peut être la cause de ce que l'on appelle l'entropion, c'est-à-dire la friction du globe oculaire avec la paupière supérieure ou inférieure retournée à l'intérieur, entraînant l'apparition de kératites et d'ulcères. Il est donc conseillé, pendant les vingt premiers jours qui suivent la naissance du chiot, de faire faire quelques points de suture sur ses paupières de façon à éviter que les bords de la peau n'entrent en contact avec les yeux.

« TACKING »

Il est bien connu que les chiots des Shar-pei souffrent d'entropion. Quand ils ont quatorze jours environ, les petits ouvrent les yeux pour les refermer quelques jours après à cause de l'irritation provoquée par le frottement des cils sur la cornée. Pour surmonter ce problème et enrayer les dégâts, quand les chiots ont entre vingt-cinq et trente jours, il convient de pratiquer quelques points de suture afin que la paupière reste ouverte. Cela permet de bien soigner la kératite éventuellement déjà en cours, et la suture fait en sorte que le muscle de la paupière travaille. Le fil de suture doit être rêche pour éviter de déchirer la peau, qui, à cet endroit, est déjà très fragile et a tendance à se déchirer facilement. Cette technique donne des résultats nettement meilleurs quand le chiot est très jeune, mais elle peut être également appliquée à des chiots plus âgés ou à des chiens adultes. Certains sujets ont porté des points de suture jusqu'à leur sixième mois de vie.

MYOPIE

La question visant à déterminer si les Shar-pei sont véritablement myopes a souvent été posée. Or, ce sont plutôt les éleveurs et les propriétaires d'un ou de plusieurs de ces sujets qui souffrent de ce dysfonctionnement. Les symptômes apparaissent quand les éleveurs ou les propriétaires prononcent des phrases comme : « Mon chien est parfait, il ne présente aucun défaut, aucun autre chien ne peut soutenir la comparaison avec le mien. »

Les oreilles

Petites, assez épaisses, en forme de triangle équilatéral, la pointe étant légèrement arrondie. Elles sont attachées très haut en avant au-dessus des yeux et largement espacées.

Contrairement aux Chows-Chows, les oreilles des Shar-pei, rappelant la forme d'une coquille, doivent être fermement plaquées à la surface du crâne, vers l'avant, comme si elles devaient disparaître.

Les oreilles dressées sont fortement pénalisées.

La forme et la dimension étaient autrefois également très importantes : en effet, leur adhérence au crâne ne permettait aucune prise aux adversaires.

Certains sujets présentent des oreilles ne dépassant pas en taille l'ongle du pouce, qui recouvrent tout juste l'ouverture du canal auriculaire, et sont plaquées contre le crâne et enroulées vers le haut. Il s'agit là d'un type d'oreille très

Robin di Rocco Malasorte arborant ses oreilles en tulipe. Éleveur : Lambiase. Propriétaire : E. Sordo (photo Pizzamiglio)

apprécié appelé « tulipe » ou « pétale de rose ».
Il convient de préciser que si la forme et les dimensions des oreilles sont telles qu'elles évitent toute attaque, cette caractéristique ne permet pas l'évacuation du cérumen ; elles requièrent donc des soins constants afin d'éviter certaines formes d'otites.

Le cou

Fort, épais et bien attaché aux épaules ; la peau épaisse et ridée autour de la gorge forme des fanons abondants.
Encore une fois, cette caractéristique était importante puisqu'elle évitait des blessures mortelles à la gorge.

La gueule et les dents

Gueule importante avec une mâchoire forte et puissante ; la langue et le palais sont rigoureusement bleuâtres ; chez les sujets de couleur claire, la langue est de couleur lavande.

Les dents, fortes et nivelées, ferment en ciseaux, c'est-à-dire que la face interne des incisives supérieures effleure la face externe des incisives inférieures ; les canines sont légèrement recourbées. Il convient de remarquer que le Sharpei et le Chow-Chow sont les seuls chiens au monde qui présentent une langue bleue.
La langue complètement rose ou tachetée n'est pas admise selon le standard français et est dans tous les cas fortement pénalisée dans d'autres pays.
Le palais, les gencives et les lèvres sont à préférer de couleur bleuâtre. Il convient de prêter une attention particulière à la lèvre inférieure, qui peut, en poussant, couvrir les dents inférieures, provoquant des problèmes de mastication, voire le déplacement vers l'intérieur des incisives, ce qui peut donner lieu à l'énognathisme, défaut pouvant entraîner la disqualification du sujet.

Exemple de tête : Ch. Glimmer Glen's Creme of the Crop (photo Harkins)

CORRECTION LABIALE

Lors de la croissance du chien, on remarque fréquemment un développement excessif de la lèvre inférieure. L'extrémité de la lèvre déborde sur les dents du bas pour les recouvrir entièrement. Ce problème rend la mastication difficile et, en outre, la pression des lèvres sur les dents leur provoque un déplacement vers l'intérieur modifiant la fermeture qui, selon le standard, doit être alignée et en ciseaux.
Pour pallier à cette anomalie, il est nécessaire de recourir à une intervention chirurgicale très simple. Le vétérinaire pratique une petite incision sous le menton du chien et retire quelques millimètres de peau, afin de laisser les dents inférieures libres et découvertes.
Cette opération doit être exclusivement exécutée pour améliorer la mastication du chien, mais ne peut être pratiquée sur un sujet d'exposition.

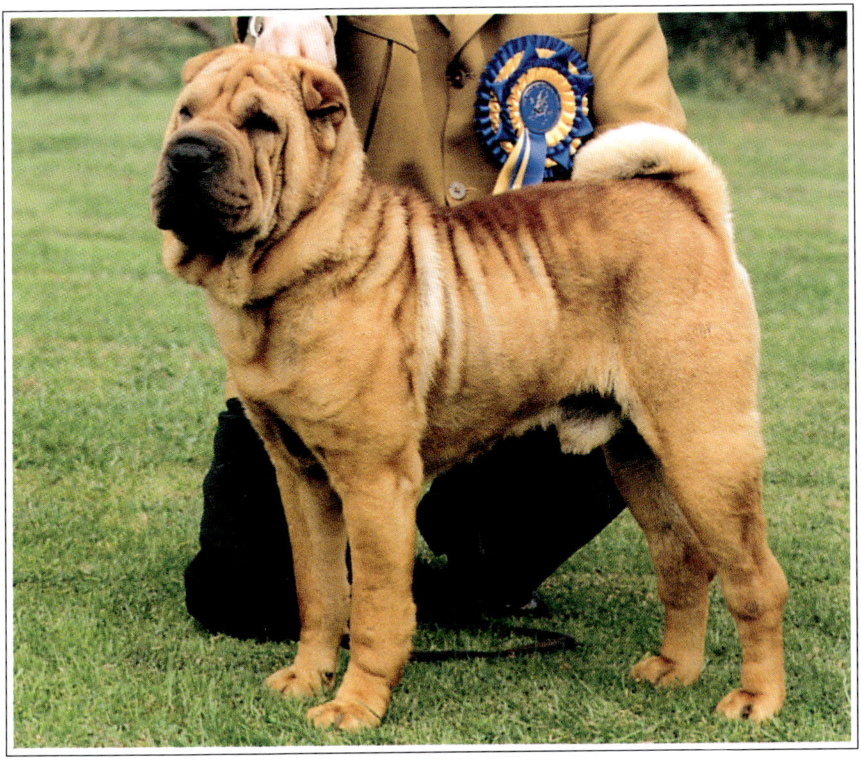

Très beau sujet parfaitement inséré dans un carré. Ch. am. Panache Times a Wastin. Éleveurs : Jerri et Lori Kelsey. Propriétaire : Peter Clarkson (photo Walker)

La partie antérieure

Les épaules sont bien fortes et musclées, légèrement inclinées vers l'avant, les pattes antérieures sont modérément longues, bien parallèles et bien espacées.

Les aplombs étaient à l'origine de préférence penchés vers la gauche pour les sujets destinés au combat car cela donnait une impression de stabilité accrue ; de nos jours, le standard les préfère bien parallèles.

Le tronc

Le thorax est large et profond, ses dimensions sont inscrites idéalement dans un carré, donc, la hauteur au garrot correspond à la longueur mesurée de l'extrémité de l'épaule à la croupe.

Toujours en raison des combats, la peau doit être abondante et élastique pour permettre de se dégager aisément de la prise de l'adversaire.

La partie postérieure

La partie postérieure est forte et musclée, semblable au postérieur des bulldogs bien qu'elle ne soit pas si prononcée.
Le ventre ne doit pas être rétracté.
L'ossature est forte, les jarrets sont à peine plongeants et légèrement angulés.

Les pieds

De taille moyenne, compacts et bien posés, avec des doigts écartés aux jointures proéminentes et hautes, donnant un bon aplomb.
Certains sujets présentent des doubles ergots, à éliminer tout de suite après la naissance.

La queue

Épaisse et ronde à la base, puis allant en s'effilant pour se terminer en pointe.
Attachée très haut, bien au-dessus du rein, découvrant la région anale.

Vanden Rise' n' Shine conduit par Tim Ball. Meilleur chiot dans de nombreuses expositions britanniques. Éleveur et propriétaire : Glenda Parkes

QUEUES CORRECTES **QUEUES INCORRECTES**

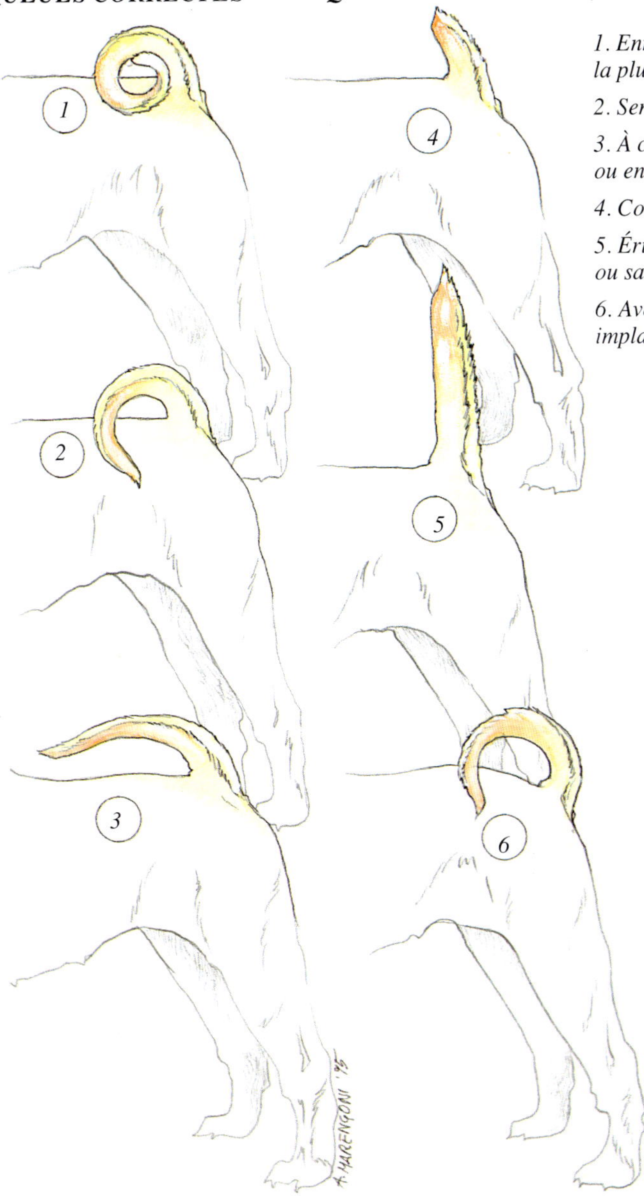

1. Enroulée : la plus recherchée

2. Semi-enroulée

3. À crochet ou en arc

4. Courte

5. Érigée ou sans pointe

6. Avec implantation basse

On peut remarquer la queue enroulée serrée, la plus recherchée. Ch. A-Capella Doxie Woo Stone Oak. Propriétaire : Blain Kukevitch

Trois ports de queue sont autorisés.
Le premier et le plus souhaitable présente un anneau étroitement enroulé qui retombe de côté.
Le deuxième présente un anneau peu serré le long du dos, alors que le troisième port, probablement le plus commun, présente une queue incurvée au-dessus du dos sans toutefois le toucher ; ce dernier type de port permet au chien de bouger plus facilement la queue et de façon plus expressive.

La queue « petit cochon », celle qui est étroitement enroulée avec des anneaux de plis et portée sur le côté est la plus appréciée mais également la plus difficile à produire.
Encore une fois, cette caractéristique a un lien avec les combats : elle n'offre pas de prise facile à l'adversaire.
La queue très courte, voire absente, comme la queue pendante vers le bas, sont considérées comme des défauts particulièrement graves.

Un horse coat *remarquable : Ch. A-Capella Apollo of Jewel. Propriétaire et photo : élevage A-Capella (photo Harkins)*

La robe

*Il existe deux types de robe : l'***horse coat***, qui présente un poil extrêmement court, qui pique comme le poil du cheval, et le* **brush coat***, qui présente un poil légèrement plus long, toutefois moins de 1 cm, également hirsute et épineux.*

L'*horse coat* est plus frappant car les plis sont mis en évidence, mais le *brush coat* est à préférer car il provoque moins de problèmes de peau (eczémas, dermatites, éruptions).

Le poil du Shar-pei est facile à arracher ; cette caractéristique ne représente pas un défaut mais une défense lors des combats. En effet, en cas de morsure, il laissait dans la bouche de l'adversaire une multitude de poils hirsutes et épineux qui lui provoquaient inévitablement un sentiment de gêne.

Les plis ne doivent pas être en excès. Ils sont abondants sur la tête, l'encolure, le garrot et à la base de la queue. Les plis aux extrémités des jarrets sont indésirables, tout comme une surabondance de rides partout sur le corps.

POIL LONG OU POIL COURT

La robe des Shar-pei est de deux types, horse coat *et* brush coat, *c'est-à-dire à poil court qui pique ou en brosse, mais ne dépassant pas 1 cm.*
Le poil très court est le poil d'origine des Shar-pei ; néanmoins, il présente certains inconvénients, par exemple les micro-piqûres sur la peau du maître. En outre, ce type de robe est plus difficile à entretenir et un bon nombre de sujets souffrent de problèmes cutanés. Dans les expositions, le sujet horse coat *est moins représenté et moins représentatif du point de vue de l'ossature et de la tête. Pour toutes ces raisons, le sujet* brush coat *est le plus présent, du moins aux États-Unis. En effet, dans les expositions américaines, le sujet* horse coat *a quasiment disparu et, lorsqu'il participe, il y est jugé à part.*
Le profane qui choisit un chiot sera instinctivement attiré par celui à poil court à cause de la multitude de rides, plus nombreuses que chez le sujet à poil long. Le type brush coat *aura ses rides à un âge plus avancé. Il convient de garder à l'esprit que dans la même portée il peut y avoir les deux types.*

A-Capella Swiss Miss, dite « La préférée », à cinq mois. Le poil est toutefois trop long pour le standard européen

Le Shar-pei chinois original, à l'âge adulte, présente très peu de rides tout en conservant une peau extrêmement élastique.

Le poids et les mensurations

Les mensurations varient entre 41 et 51 cm au garrot ; le mâle est légèrement plus grand que la femelle.
Le poids du Shar-pei varie entre 20 et 25 kilos.
Le mâle est plus lourd et plus solide que la femelle, mais ils doivent tous les deux être bien proportionnés.

Aux États-Unis des tentatives sont à l'étude pour créer des *minipei*, sujets qui ne devraient pas dépasser 25 ou 30 cm. Ces expérimentations peuvent être attrayantes pour ceux qui désirent avoir des chiens de petite taille, mais cela pourrait modifier complètement la généalogie de la race. De plus, ces dimensions ne seraient pas acceptées par la FCI.

Les mouvements

Les mouvements doivent être souples et harmonieux.

Ch. A-Capella In-It-To-Win-It, fille de Ziggy ; elle en a hérité le très célèbre mouvement (photo Harkins)

Les pattes postérieures ne doivent pas piétiner le sol mais l'effleurer comme si elles étaient en train de peindre.
Ce n'est pas une exagération de dire que l'allure correcte doit ressembler à celle de la parade de la célèbre école d'équitation de Vienne.

La couleur

La gamme de couleurs est très vaste et compliquée : le Shar-pei est un chien qui présente un grand nombre de couleurs, d'origine ou créées, mais nous préférons reprendre ce débat dans le paragraphe qui lui est consacré (voir pages 44-52).

Ch. Shar Jack's A-Capella Ziggy, sujet devenu célèbre pour son mouvement. Propriétaire : Tingen

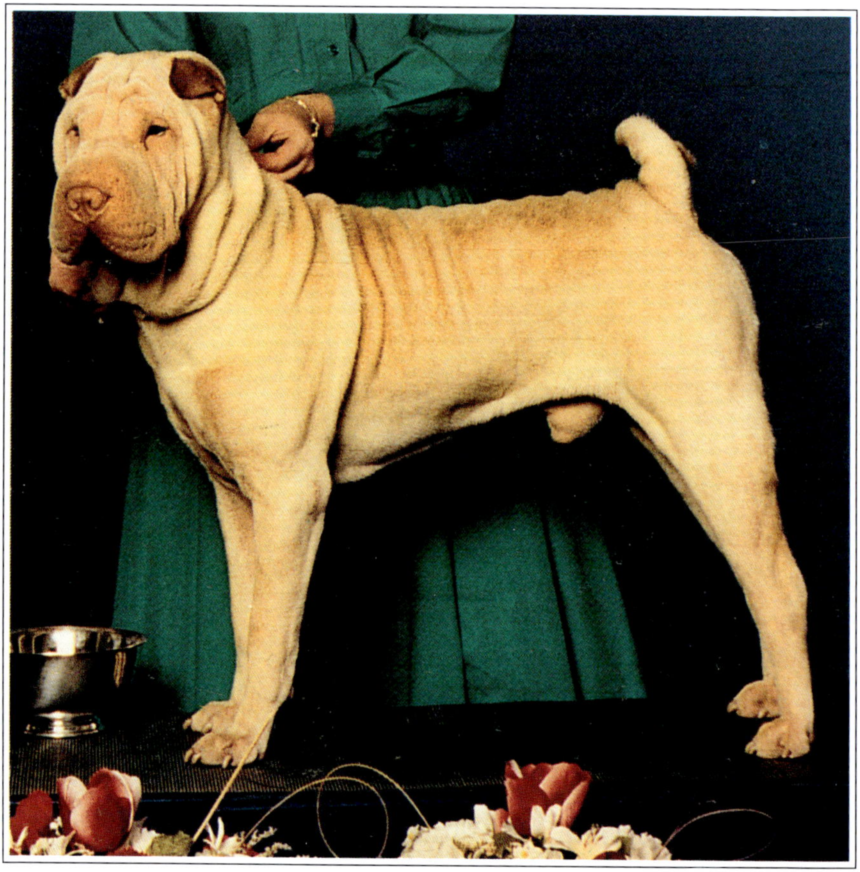

DÉFAUTS GÉNÉRAUX

thorax insuffisant

thorax trop long

angulation insuffisante avec le tronc trop court

ligne du dos trop droite

membres courts

ligne du dos cambrée

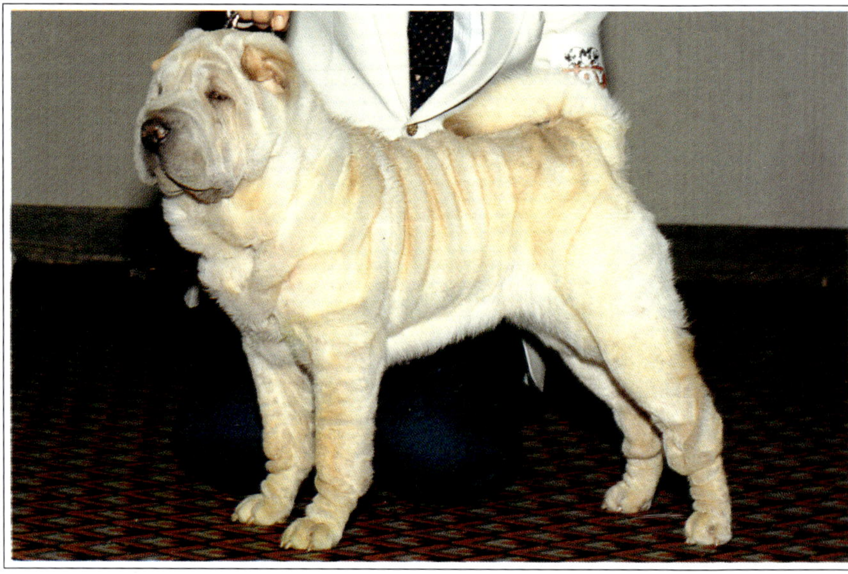

Ch. A-Capella Light Chablis, un sujet couleur crème. Son poil est trop long pour le standard européen (photo Harkins)

Un autre sujet couleur crème : A-Capella Silver Bullet, dit « Bully » (photo Harkins)

LE NOUVEAU STANDARD

Le 25 janvier 1994, la Fédération cynologique internationale a reconnu, adopté et divulgué aux centres qui lui sont affiliés le standard du Kennel Club de Hong Kong que nous retranscrivons intégralement ci-dessous. (Traduction du professeur R. Triquet)

Aspect général : *fort et compact. Le mot « shar pei » signifie « peau de sable ». La peau doit être ferme et rêche et le poil court et hérissé. Le corps est couvert de rides serrées chez les chiots. Chez l'adulte, les rides accusées ne sont admises que sur le front et le garrot.*

Proportions importantes : *la longueur du tronc, du sternum à la croupe, est presque égale à la hauteur au garrot. Les femelles peuvent être légèrement plus longues. La longueur du museau est presque égale à la longueur du crâne.*

Comportement/caractère : *actif, agile. Calme, indépendant, fidèle et affectueux avec les gens.*

Tête : *le crâne doit être rond et fort à la base, mais plat et large dans la région frontale, le stop modéré ; les rides sur le front doivent être bien visibles mais ne doivent pas couvrir les yeux.*
L'expression chinoise pour décrire la tête est Wo Lo Tau, *ce qui veut dire « tête en forme de calebasse ». Les rides du front forment un motif qui ressemble au caractère chinois signifiant « longévité ». Cela est essentiel pour la race, car la marque de la longévité apparaît également dans la famille des grands félins tels que les tigres et les lions. Chez le chien, cette marque n'apparaît que chez le Mastiff.*

Truffe : *grande, large, de préférence de couleur noire. La truffe de couleur plus claire est admise chez les chiens à robe plus claire.*

Chanfrein : *de longueur moyenne, large à partir des yeux, mais se rétrécissant légèrement vers l'extrémité.*

Gueule : *on préfère la langue et les gencives d'un noir bleuâtre. Langue ou gencives roses ou tachetées ne sont admises que chez les chiens à robe plus claire, par exemple fauve clair ou crème. Les mâchoires sont fortes. La forme de la gueule, vue du dessus, doit être soit celle d'une tuile assez arrondie (elle est communément connue sous le nom de « gueule en forme de tuile chinoise »), soit avec une mâchoire large, cette dernière est connue sous le nom de « bouche de crapaud ». Ces deux types de gueule permettent au chien d'assurer sa prise.*

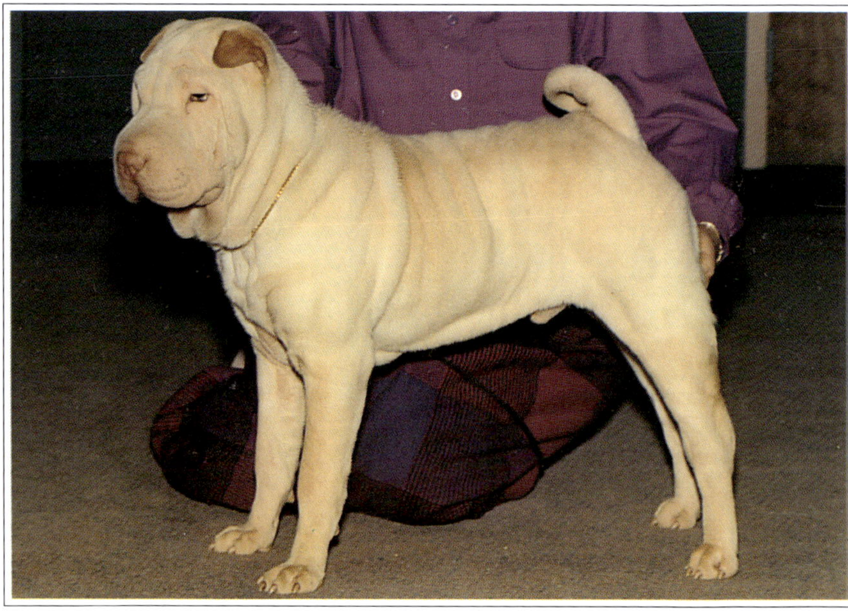

Sujet dilué : Ch. Shar Jack's A-Capella Ziggy (photo Harkins)

Ch. A-Capella Mystique Xiao Peng, dit « Misty », avec sa robe roux-fauve

Dents : *dents régulières et complètes, articulation en ciseaux parfaits, c'est-à-dire que les incisives supérieures recouvrent les inférieures dans un contact étroit et sont implantées bien d'équerre par rapport aux mâchoires.*

Yeux : *de dimensions moyennes, en amande, aussi foncés que possible. L'œil clair est un défaut. Globe oculaire ou paupières ne doivent en aucun cas être gênés dans leur fonction par la peau, les plis ou les poils qui les entourent. Tout signe d'irritation du globe oculaire, de la conjonctive ou des paupières constitue un grave défaut.*

Oreilles : *petites, épaisses, en forme de triangle équilatéral, légèrement arrondies à l'extrémité, qui est repliée sur le crâne dans la direction de l'œil. Les oreilles dressées sont admises, mais moins recherchées.*

Cou : *fort, musclé. La peau est un peu lâche autour de la gorge. Ce fanon ne doit pas être exagéré.*

Corps : *la peau en excès autour du tronc chez les adultes est à proscrire.*

Garrot : *légers plis de la peau sur le garrot.*

Dos : *très fort et droit ; colonne vertébrale très solide.*

Poitrine : *large et haute.*

Queue : *il y en a de plusieurs types. Les plus courantes sont la queue enroulée et celle formant un double anneau. La boucle peut être grosse ou petite. La queue doit être ferme et bien serrée sur la hanche.*

Membres antérieurs : *les épaules sont musclées, bien attachées et obliques. Du coude au sol, les antérieurs sont de longueur moyenne, légèrement plus longs que la hauteur de poitrine. Bonne ossature. Métacarpes légèrement inclinés, forts et souples.*

Membres postérieurs : *forts et musclés, modérément angulés. Le jarret est bien descendu.*

Pieds : *de taille moyenne, compacts, pourvus de bons coussinets. Bonnes jointures aux doigts.*

Allures/mouvement : *dégagés et en équilibre, énergiques.*

Robe : *poil court, dur, piquant et aussi droit que possible. Absence de sous-poil. Le poil ne doit pas dépasser 2,5 cm de longueur. Jamais toiletté.*

Couleur : *unicolore noir, noir-bleu, noir avec un soupçon de rouille, marron, rouge, fauve. La couleur crème est admise mais moins recherchée.*

Taille et poids : *la taille au garrot doit être de 48 à 58,5 cm. Le poids de 18 à 29,5 kilos.*
Le chien qui n'atteint pas cette taille et ce poids ne doit pas être pénalisé lourdement. Il faut savoir que le Shar-pei a perdu de la hauteur depuis 1949. Les Cantonais préfèrent le chien de grande taille qu'ils appellent le « grand cheval à la tête haute ». En conséquence, la taille doit atteindre 58,5 cm au garrot, les femelles étant légèrement plus petites. Il ne faut pas chercher à dépasser 58,5 cm de crainte de croisements.

Défauts

- *Tête excessivement lourde avec présence de bajoues.*
- *Gueule trop volumineuse ou lèvres trop empâtées, pouvant gêner la prise quand le chien est utilisé à la chasse.*
- *Mâchoires avec prognathisme supérieur ou inférieur.*
- *Yeux avec entropion ou ectropion.*
- *Corps : ensellure prononcée, dos arqué. Excès de rides sur le tronc, les membres antérieurs et postérieurs chez le chien adulte.*
- *Queue tombante.*
- *Pieds écrasés.*
- *Poil dépassant 2,5 cm de long.*
- *Couleur : mélange de noir et feu, robe tachetée. Robe bringée non admise. Elle indique un apport de sang étranger.*

Comme nous pouvons le constater, des modifications essentielles ont été apportées au standard. Certains aspects, qui étaient considérés jusqu'à aujourd'hui comme des défauts, tels que la langue tachetée, les oreilles dressées et le museau allongé sont maintenant acceptés, alors que d'autres, telle la couleur crème, sont pénalisés, probablement parce que dans les pays orientaux le blanc est symbole de deuil.
La publication de ce standard a suscité la perplexité parmi les éleveurs européens et les juges, car maintenant, lors des expositions cynophiles, on pourra admirer des sujets différents de ceux qu'on avait l'habitude de voir.
Il convient d'attirer encore une fois l'attention sur les limitations de la quantité de peau et de plis chez le sujet adulte, ce qui avait jusqu'ici constitué la particularité la plus attrayante du Shar-pei.
Le Shar-pei et le Chow-Chow sont les seuls chiens au monde à avoir la langue et le palais bleus. Les éleveurs ont fait preuve de nombreux efforts pour que cette caractéristique ne varie pas avec le temps, en évitant de les accoupler avec des sujets présentant une langue rouge ou tachée afin que ce défaut ne se transmette pas aux petits. L'acceptation de la langue rose ou tachée dans le standard rend vains ces efforts et tend à modifier l'une des caractéristiques fondamentales de cette race.

La variation des mesures du standard, notamment en ce qui concerne la hauteur au garrot, conduit à ce que le Shar-pei passe de la catégorie des chiens de taille moyenne à celle des chiens de taille presque géante ; en effet, les 58,5 cm au garrot ne sont pas loin de la taille d'un Dogue allemand, voire d'un Danois. Nous sommes certains que de telles variations de mesures vont provoquer quelques soucis chez les éleveurs car la plupart des sujets actuels sont en dessous de la taille. Les organisations cynophiles américaines, qui ne dépendent pas de la FCI européenne, continueront avec le vieux standard, tout en reconnaissant mutuellement les certificats d'origine ; par conséquent, dans un futur proche, il y aura inévitablement un Shar-pei européen et un Shar-pei américain présentant des différences substantielles.
Cependant, beaucoup de clubs européens sont en train d'œuvrer pour que la FCI accepte le standard américain. À ce sujet, il ne faut pas oublier que c'est grâce à des cynophiles américains que la race a été sauvée d'une disparition certaine et que c'est à partir des premiers sujets prélevés des rues de Macao et Hong Kong qu'on est arrivé aujourd'hui, après de nombreuses années d'études et d'efforts, à produire les somptueux Shar-pei que nous connaissons.

Glimmer Glen's Cookie : un sujet horse coat *crème dilué*

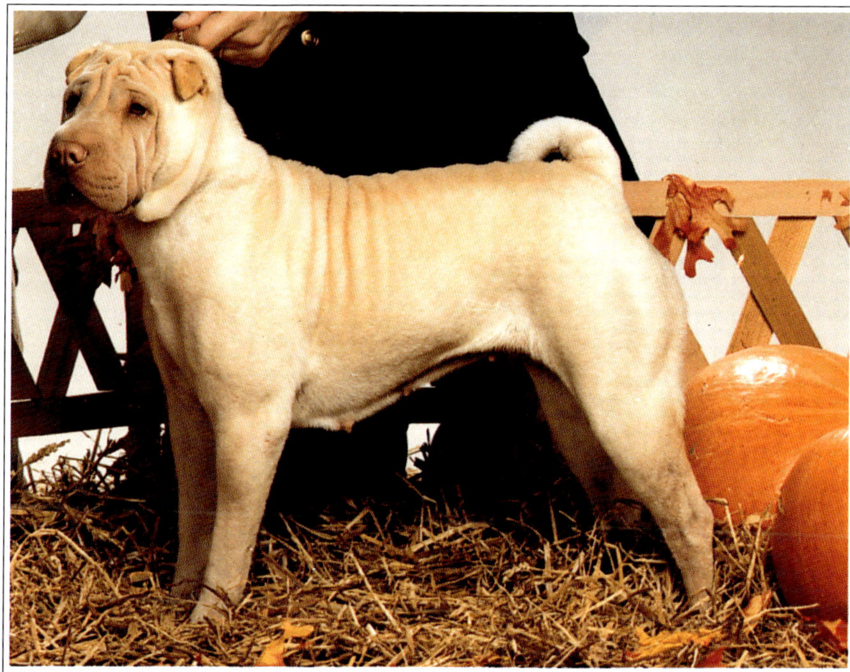

Les différents types de Shar-pei

Ceux qui ont l'habitude de fréquenter les expositions canines ont certainement vu des Shar-pei provenant de différents élevages et auront été frappés par les différences entre les divers sujets.

Il ne faut pas oublier que le prototype des Shar-pei a été prélevé des rues de Hong Kong et de Macao et que par la suite la race a été remaniée au point que l'on peut parler d'une nouvelle race, notamment en Europe, où aucune ligne de conduite concordante n'a été établie pour permettre une homogénéité dans l'élevage et la reproduction.

La différence la plus frappante concerne le poil de la robe qui varie entre un poil extrêmement court, velouté s'il est touché dans un sens, et piquant s'il est touché à rebrousse-poil (*horse coat*), et un poil long de 1 cm environ et dans certains cas plus long (même si ce dernier n'est pas admis).

Cependant, il y a toujours un certain degré de confusion entre les deux types, et il peut être parfois difficile de les reconnaître. Dans ce cas, il convient d'observer la queue : chez le sujet à poil plus long, elle se termine par une frange de poils alors que chez le sujet à poil court elle est plutôt ronde et presque privée de poil.

En ce qui concerne les types de robe, il convient de préciser que les poils peuvent être extrêmement piquants (ce sont certainement les plus recherchés) ou moins piquants mais rêches. En Europe, les sujets à poil court sont plus présents alors qu'aux États-Unis

Sujet roux marron avec masque noir : Ch. am., it., int., eur. 96, lux., suis., Stoney Dinamic De Luxe. Propriétaire : Pizzamiglio

ils sont en passe de disparaître, probablement parce que ce type de poil n'est pas agréable au toucher, notamment pour les enfants (« syndrome du Shar-pei »).
Le standard prévoit le museau d'hippopotame caractéristique, toutefois, il existe des Shar-pei au museau allongé et aux lèvres fines, communément appelé *bone mouth*. Ces sujets sont pénalisés, mais à tort, probablement à cause du manque d'informations précises sur la race. En effet, ce type correspond au Shar-pei chinois original : dans les premiers dessins esquissés par Matgo Law, la tête du Shar-pei n'a pas les dimensions actuelles.
Aujourd'hui, ce type de tête a été remplacé par le sujet le plus imposant et le plus remarquable : le *meat mouse* avec le museau carré selon la forme caractéristique du museau d'hippopotame, les lèvres charnues et les joues pleines et abondantes.
Une autre différence frappante est la quantité et la profondeur des plis présents dans la robe du Shar-pei. Il existe en effet des Shar-pei avec une robe très importante aux plis qui frottent par terre quand les chiens sont tout jeunes, et des plis sur les jarrets donnant l'impression que les chiens portent des bottines.

Ch. Shar West A-Capella Tallulah : un horse coat *solide (photo Harkins)*

Cependant, même si les plis sont susceptibles de conquérir l'acquéreur, il convient de spécifier qu'ils ne déterminent pas la qualité du Shar-pei. Les plis en surabondance chez le chien adulte sont indésirables et créent de nombreux problèmes ; il convient de rappeler que le standard prévoit que les plis se trouvent dans des régions précises du corps : tête, fanon, queue, et peu abondants sur les jarrets et sur le dos.

La taille du Shar-pei peut également présenter quelques différences. Le standard prévoit des mesures comprises entre 41 et 51 cm au garrot, mais il n'est pas rare de trouver des Shar-pei mesurant 38-40 cm et d'autres qui peuvent atteindre les 55 cm.

Récemment, aux États-Unis, les *minipei* et les *toys* ont été sélectionnés. Il s'agit de Shar-pei très petits qui conservent, une fois adultes, les caractéristiques du chiot. Ces sujets ne sont heureusement pas admis dans les expositions organisées aux États-Unis mais ils ont un Livre des origines à part pour les acquéreurs éventuels, ceux qui ne désirent pas un vrai Shar-pei mais préfèrent un jouet.

PLIS OU PAS PLIS

La demande la plus fréquente qu' adresse le futur acquéreur à l'éleveur est un chiot avec une robe lâche et abondante comportant une grande quantité de plis, mais il souhaite surtout que ceux-ci persistent lorsque le chiot parviendra à l'âge adulte, alors qu'ils ne doivent être présents que sur certaines parties du corps.
Il convient donc de redire qu'un chien avec une quantité trop importante de plis sera non seulement atypique, mais sera sujet à un grand nombre de problèmes dermatologiques et oculaires.

Toutes ces différences sont dues au fait que les Américains, les Chinois et les Britanniques ont présenté leur propre standard en créant une confusion tout à fait compréhensible parmi les éleveurs.
Afin d'éviter que chaque éleveur

Khambaliq Against the Wind pris en photo quand il était un chiot plein de plis. Une fois adulte, les plis se sont estompés. Éleveur : Pizzamiglio. Propriétaire : M. Petit (photo Pizzamiglio)

ne suive la ligne de conduite qui lui convient, il est nécessaire que la Fédération cynologique internationale publie un nouveau standard, plus restrictif, susceptible de qualifier des sujets plus uniformes.

Vingt ans après l'apparition du Shar-pei aux États-Unis, il est possible de remarquer que la sélection a été très stricte ; aujourd'hui, le résultat est visible, il existe une grande uniformité dans les expositions organisées par l'American Kennel Club.

En Europe, nous n'en sommes pas encore là, chaque éleveur a adopté la ligne de conduite qui lui convenait, par conséquent, il est possible de trouver des Shar-pei de grande qualité présentant des caractéristiques morphologiques qui demanderont des années pour être effacées.

Les couleurs

Le Shar-pei est une race qui compte une très grande variété de couleurs de robe et diverses tonalités à l'intérieur des couleurs de base.

La couleur doit toutefois être « solide » (c'est-à-dire unie) avec des tonalités plus claires ou plus foncées sous la queue et sur les cuisses : en général

Ch. Khambaliq Nutella. Un nom bien choisi pour ce sujet couleur chocolat. Éleveur : Pizzamiglio. Propriétaire et photo : Lonzardi

il est possible d'apprécier une tonalité plus foncée sur la ligne dorsale. La robe panachée ou avec des taches n'est pas acceptée. D'après ce que Matgo Law a spécifié dans un texte écrit en mars 1980 pour l'American Shar-pei Club, les couleurs de base sont établies comme suit.

Noir : le noir doit être net, et c'est encore mieux si c'est un noir bleuté qui, lorsque le sujet grandit ou avec l'exposition au soleil, tend à prendre des reflets rouille. La truffe de ces sujets doit être noire.

Fauve : la robe fauve est la plus commune ; elle présente des tonalités plus ou moins foncées qui vont de la couleur sable doré à la couleur miel. La truffe de ces sujets est de la couleur de la robe à la naissance et devient noire après environ une semaine.

Roux : le roux varie également du roux du renard au roux du Setter irlandais. C'était une couleur très rare en 1980, maintenant, elle est plus répandue. Cette robe peut, elle aussi, présenter des tonalités plus foncées ou plus claires, mais moins accentuées. La truffe est généralement noire ; dans certains cas, elle peut être couleur brique.

Waggitail Black Magic. Le nom renvoie à la couleur : le noir bleuté. Éleveur, propriétaire et photo : L. Zetler (Afrique du Sud)

Sujet couleur sable : Glimmer Glen's Wang Chung. Propriétaire : Alan Giffen

A-Capella Hi-Liter, sujet couleur chocolat. Propriétaire : Madeleine Tingen

Sujet fauve-roux avec masque noir : Khambaliq Beatrice dite « Mei-Li ». Propriétaire et photo : A. Fyros

Un sujet rare avec cinq tonalités de roux : Scarlet at Khambaliq. Éleveur : D. Fava. Propriétaire et photo : Pizzamiglio

China del Settimo Sigillo : sujet abricot. Éleveur, propriétaire et photo : élevage del Settimo Sigillo

Khambaliq Paolino : chiot dilué. Éleveur et photo : Pizzamiglio. Propriétaire : Brunelletti

Sujet couleur fauve charbonné : Khambaliq Ginevra à quarante-cinq jours. À l'âge adulte, il va devenir de plus en plus clair et présentera des striures noires et fauves. Propriétaire et photo : Pizzamiglio

Crème : cette couleur peut varier du blanc au paille, avec des tonalités plus claires ou plus foncées.
Les oreilles doivent impérativement être fauves. La truffe est généralement marron.

Sable : cette couleur dérive du mélange de poils noirs et fauves ; le noir est plus intense sur la ligne du dos ainsi que sur les oreilles, et plus clair sur les cuisses. Le passage du noir au fauve doit se faire graduellement afin de mêler de façon harmonieuse les différentes couleurs. La truffe et les ongles sont noirs. Le sujet sable est, à la naissance, presque complètement noir, à l'exception des cuisses et du museau, et il devient de plus en plus clair avec le temps. D'après Matgo Law, il convient d'ajouter aux couleurs déjà citées les *dilute* (les couleurs diluées), à savoir les couleurs qui ne présentent pas de nuances.

Crème diluée : cette robe présente les mêmes caractéristiques que le crème, mais la couleur est plus intense et plus uniforme, semblable à la couleur des chats de Perse. La couleur des yeux est châtain clair et la langue n'est pas bleu foncé comme chez les autres sujets, mais de couleur lavande clair.

Chocolat : cette robe présente une couleur marron chocolat uniforme

Lo-Bo San Blue Boy : comme son nom l'indique, il s'agit d'un exemplaire bleu. Éleveur : C. Elmore. Propriétaire et photo : M. Tibor

Waggitail Mugzy Malone, de couleur gris rouille. Éleveur, propriétaire et photo : L. Zetler (Afrique du Sud)

LES CHARBONNURES

Il n'est pas rare de trouver des Shar-pei noirs avec des nuances de couleur fauve plus ou moins étendues. À la naissance, le chiot est dans presque tous les cas noir avec des notes fauves sur les pattes, la tête et le corps. Quand le petit grandit, ces nuances, que l'on appelle charbonnures, se développent de façon uniforme sur le corps, prenant le dessus sur le noir, qui était à l'origine prédominant. La robe résultera de l'alternance de poils noirs et de poils fauves. Au moment de livrer le pedigree ces sujets sont enregistrés dans la dénomination de la couleur comme charbonnés.

Ch. It. Tshimao's Pu-Yi : un champion de couleur fauve charbonné. Éleveur : L. Reinelt. Propriétaire et photo : Pizzamiglio

avec la truffe de la même couleur, les yeux couleur ambre et la langue lavande clair.

Les couleurs des robes décrites ci-dessus étaient selon Matgo Law les couleurs du Shar-pei ; cependant, au fil des années, avec les tentatives de perfectionner et de développer la race, des mutations ont eu lieu, notamment en ce qui concerne les tonalités. Il suffit de penser à la couleur **abricot dilué** – couleur abricot uniforme avec la truffe et les yeux couleur noisette – et aux **cinq points de roux**, couleur que l'on trouve au niveau de la truffe, des yeux, des coussinets et de l'anus. En 1990 a été créée la couleur **bleue** ; il s'agit d'une autre couleur de la famille des diluées. Lorsqu'on parle de bleu, on se réfère à la couleur du Mâtin de Naples ou du Danois bleu. Les couleurs sont toutes acceptées pourvu qu'elles soient uniformes. Chaque portée réserve des surprises, car il y a des chiots de diverses couleurs : de deux chiens fauves peuvent naître des sujets noirs et d'un couple de noirs peuvent naître toutes les couleurs. Les chiots ont souvent la coloration de robe appartenant à leurs ancêtres, c'est pourquoi, aux États-Unis, il est possible de demander les pedigrees avec les couleurs de robe des aïeuls.

Il arrive, quoique rarement, que dans une portée il y ait un **pie**, c'est-à-dire un sujet avec la robe panachée ou avec des taches ; cette robe n'est pas admise par le standard. La présence d'un sujet de ce type dans une portée est due au fait qu'un des sujets récupérés par Matgo Law, Down Homes Sweet Pea, était un Shar-pei à robe panachée. Il convient de remarquer que normalement les sujets **pie** sont les plus beaux et les plus forts de la portée. C'est pourquoi un club aux États-Unis a récemment commencé à s'occuper de ces sujets et tente de faire reconnaître officiellement cette variété.

Ce sujet est « particolor », ou « peint », et n'est pas admis par le standard. Slick. Propriétaire : Steve Carl

Le caractère

Le fait de posséder un Shar-pei est une expérience passionnante, non seulement à cause de son aspect unique mais surtout pour les nombreuses surprises que son caractère réserve. Les Américains comparent les Shar-pei aux cerises ou... aux frites ; en effet, il suffit d'avoir du temps, de la place, un peu d'amour, et l'on finit par en avoir plus d'un exemplaire.

Il s'agit d'un chien extrêmement intelligent, probablement parce que parmi ses aïeux seuls ceux qui faisaient preuve d'intelligence pouvaient survivre.

Dans certains cas il peut être un peu têtu, mais, si l'on sait l'éduquer fermement dès son plus jeune âge, on peut le rendre obéissant.

Le standard spécifie qu'il s'agit d'un chien plein de dignité, renfrogné, sobre et un peu snob, témoignant d'une certaine méfiance vis-à-vis des étrangers et d'une dévotion sans limites pour son maître. Les qualités du chien de garde sont innées bien qu'il n'attaque jamais et se limite à signaler la présence d'un inconnu par un grognement sourd.

Pendant les premiers mois de vie, la mère exerce une influence très forte dans la formation du caractère du chiot en accentuant son instinct de défense et de combativité.

Ces chiens sont merveilleux dans leurs rapports avec les enfants, sachant s'associer à leurs jeux, ce qui évite en même temps qu'ils mordillent les chaussures, les meubles ou creusent des trous dans le jardin.

Le Shar-pei est un gros paresseux, et si, dans la maison, il y a un coin

Le Shar-pei adore poser. Khambaliq Virginia. Éleveur : Pizzamiglio. Propriétaire et photo : M. Montes

cheminée, il sera très difficile de le convaincre de se coucher ailleurs, à plus forte raison si la cheminée est allumée. Faute de quoi, il s'allonge dans les fauteuils et sur les canapés.

Il s'éprend d'un amour fou pour un membre de la famille, généralement choisi par lui-même, et à partir de ce moment-là il le suit comme son ombre. Il est toutefois très obéissant vis-à-vis des autres

LE SHAR-PEI ET SA FAMILLE

Les qualités du Shar-pei sont nombreuses, au point d'être étonnantes. Il est fidèle, dévoué à son propriétaire et en particulier à son maître, qu'il choisit personnellement.
Il est très curieux et à chaque changement de routine il intervient pour se renseigner sur l'événement.
Il est très sensible donc, s'il reçoit une réprimande qu'il estime ne pas mériter, il peut « bouder » pendant un bon moment en ignorant celui qui l'a offensé et en grondant, sans toutefois mordre.
En même temps, il est très sensible aux caresses qu'il ne se dispense pas de demander à son maître par de petits coups de patte.

Pour jouer, un bout de papier peut faire l'affaire. Khambaliq Autumn Leaves. Éleveur : Pizzamiglio. Propriétaire : M. Petit (photo Pizzamiglio)

Le canapé est sa place préférée. Khambaliq Paprika. Éleveur : Pizzamiglio. Propriétaire et photo : Conterno

membres de la famille, mais le maître, le vrai, auquel il va accorder une confiance sans limites, sera celui qu'il aura élu. Voilà pourquoi on ne dit pas que l'on « possède » un Sharpei mais plutôt que l'on « est possédé » par lui. Ces chiens sont très réservés avec les personnes qu'ils ne connaissent pas, et leur méfiance disparaît très lentement ; ils ne réclament pas les attentions du maître mais ils se réjouissent de sa présence en se couchant à ses pieds dans l'attente d'un geste affectueux ou d'une caresse. Ils détestent la pluie et l'eau en général, et sortent donc se promener à contrecœur les jours pluvieux en faisant bien attention d'éviter les flaques d'eau qui se trouvent sur leur chemin.

LE SHAR-PEI CHIEN PENSANT

Le Shar-pei est un chien très intelligent, et, bien que la plupart de ses actions soient dictées par l'instinct, s'il est bien dressé, il est en mesure d'apprendre bon nombre de choses.
Il s'agit d'un être qui pense, il convient donc de lui donner la possibilité de faire de nouvelles expériences pour que son esprit soit vif et entraîné.
Certains côtés négatifs de son caractère, comme l'habitude de ronger les meubles ou d'autres objets, sont exacerbés par l'ennui. Si le Shar-pei est occupé ou s'il apprend à faire des exercices, beaucoup de problèmes de comportement pourront être évités.

Les Shar-pei sont paresseux. Propriétaire et photo : M. Montes

Parfois les shar-pei ont tellement de rides qu'ils paraissent irréels. Khambaliq Indiana Jones. Éleveur et photo : Pizzamiglio

Grand chiot attentif. Yoshia Hooray Allelujah at Konishiki. Éleveur : Judy Cooper. Propriétaire : Linda Rupniak

A-Capella Heaven, et derrière Khambaliq Virginia, immobiles comme deux statues chinoises. Éleveurs : Pizzamiglio et Tingen. Propriétaire et photo : M. Montes

LE SHAR-PEI CHIEN DE GARDE

Le Shar-pei est très jaloux de son territoire et de la maison qui l'abrite et lui appartient. Il est par conséquent très méfiant vis-à-vis des étrangers, et il est rare qu'il se laisse caresser par quelqu'un lors d'une première rencontre. Ces caractéristiques font du Shar-pei un bon chien de garde à qui l'on confie la protection du territoire et de la famille.

Il aboie très rarement et toujours avec une bonne raison. Si cela devait se produire, il serait donc intéressant de découvrir la raison qui a provoqué son aboiement.

L'un des soucis majeurs, pour ceux qui ont l'intention d'adopter un chiot, en particulier pour ceux qui ne possèdent pas de jardin, est que leur nouvel occupant puisse satisfaire ses besoins n'importe où, au détriment des tapis et de la moquette. Cette préoccupation n'a pas lieu d'être, car le Shar-pei, tout petit, dès ses premières semaines de vie, quand il tient à peine debout, refuse de dormir dans la caisse où il a fait ses besoins ; à soixante jours, quand il a acquis une certaine indépendance, il proteste devant la porte afin de faire comprendre qu'il veut sortir. Et très souvent, les Shar-pei ont pour habitude de prendre dans leur gueule la main du maître, genti-

Yacanto Rosebud, vainqueur de beaucoup de Best of Breed. Éleveurs et propriétaires : Mike et Diana Bousfield

ment, en signe d'affection. Ce sont des chasseurs formidables d'animaux comme les rats, les oiseaux, les crapauds et les lézards ; ils les tuent et les laissent à terre. Cela est probablement dû au fait que les Shar-pei, pendant des années, devaient être en mesure de se sustenter seuls.

Le Shar-pei est un chien qui peut être aisément dressé car il apprend facilement à associer la commande à l'action qui doit être exécutée. Ce n'est pas un chien pour tout le monde : il a besoin de la présence constante de son maître, doit se sentir aimé et faire partie intégrante de la famille, et sans oublier la texture particulière de sa peau, qui nécessite des soins constants.

Chiot de l'élevage Ciancjsgru

Comment comprendre son chien et s'en faire comprendre

par le docteur M. Verga

Nous avons tous eu l'occasion de remarquer les signaux que les chiens utilisent pour communiquer lors des rencontres avec d'autres chiens ou avec les hommes : signaux vocaux, comme japper, aboyer, gronder, ou signaux visuels, comme baisser les pattes antérieures pour inviter à jouer, garder les oreilles et la queue baissées pour manifester la crainte ou frétiller en remuant tout le corps pour inviter à laisser tomber quelque friandise, ou en signe d'impatience pour une belle promenade. Tous ces signaux et d'autres encore, tels les signaux olfactifs transmis par émission d'urine, font partie d'une sorte de langage, c'est-à-dire du « système de communication » caractéristique à chaque espèce. Effectivement, à l'intérieur de chaque espèce, les animaux communiquent entre eux par des messages qui leur sont propres.

L'utilité de la communication

Il est évident que la transmission de signaux comporte un aspect relationnel, permettant le développement d'une vie sociale où chaque individu trouve une place, un niveau hiérarchique et un rôle par rapport aux autres. Cela représente un avantage à la fois pour l'individu et pour le groupe ; en effet, l'individu, à travers les informations des autres, parvient plus facilement à se procurer de la nourriture et à s'accoupler, donc, il peut plus facilement survivre et se reproduire ; le groupe garde plus facilement sa cohésion, et cela évite que ses membres s'affrontent. Par ailleurs, la communication au sein du groupe permet d'améliorer la défense contre les dan-

A-Capella Kiss's Stone Oak, un chiot très doux, couleur chocolat. Propriétaire : Blain Kukevitch (photo Harkins)

gers extérieurs, qui sont signalés à distance à travers des messages acoustiques. Le chien appartient à une espèce très sociable et par conséquent riche en signaux de communication, notamment visuels, acoustiques et olfactifs.

Les messages du museau

Les expressions du museau, à savoir ce que l'on appelle le masque facial, sont fondamentales dans le langage du chien, notamment chez les races qui peuvent

Chiot couleur sable. Propriétaire : L. Schneider

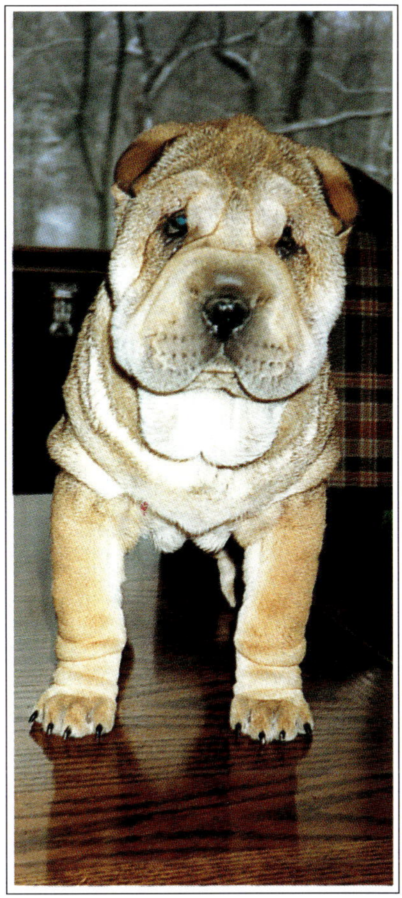

Sugar Luv's Apache Feather à douze semaines. Propriétaires : B. Kukevitch et Cathi Schneider

modifier la position des oreilles. Les différentes positions des oreilles, avec celles des lèvres, peuvent nous révéler les intentions du chien.

En résumé nous pouvons dire que :

– un regard fixe, attentif avec la pupille rétrécie, parfois accompagné d'un grognement sourd et d'un léger hérissement des poils du dos, est un signal de menace ;

– un regard bas et fuyant indique seulement la timidité, mais attention, si une sensation de véritable crainte vient s'ajouter, ce signal peut se transformer en signal de pré-attaque ;

– un regard attentif, accompagné d'un frétillement, des aboiements et la partie antérieure du corps baissée correspond à : « Veux-tu jouer avec moi ? » ;

– un regard alangui, qui implore, parfois lancé en position assise avec une véritable « eau à la bouche », indique que notre ami attend avec impatience le repas tant convoité !

– un regard absent, une position

Ch. it. Ciancjsgru Ping Pong. Propriétaire et photo : Signorini

apathique et un manque d'attention aux signaux qui lui sont transmis indiquent que « quelque chose ne va pas » du point de vue organique ; une pathologie pourrait être en cours, qui pourrait être de toute sorte, même d'origine nerveuse. Dans certains cas, en effet, ce regard est accompagné de véritables « crises de nerfs » qui peuvent entraîner des réactions agressives parfois dirigées vers des personnes que l'animal connaît très bien, voire contre son maître.

Les messages du corps et de la queue

Tout le corps du chien peut émettre des signaux : en modifiant les postures, en hérissant le poil qui paraît alors doubler de volume. Le principe est très simple : plus son apparence semble imposante (oreilles dressées, poil hérissé sur le dos, position droite), plus le chien marque sa domination sur le milieu qui l'entoure, qu'il s'agisse de chiens ou de personnes ; si, en revanche, son apparence semble

plus petite (queue entre les jambes, oreilles baissées, position basse), le chien se montre soumis, vaincu ou même « amoureux » s'il s'agit d'un mâle qui fait la cour à une femelle en chaleur.
La signification du frétillement de la queue n'est pas tout à fait clair : en effet, il est possible de recevoir le message de notre chien qui s'approche en frétillant et en transportant dans sa gueule la laisse, l'écuelle ou une balle ; dans ce cas, il n'est pas difficile d'interpréter ce geste comme un désir de se promener, de recevoir sa ration ou de jouer. Toutefois, le chien remue la queue de façon plus rigide, moins relaxée, également quand il se trouve en situation de rivalité avec d'autres chiens ou en phase de pré-attaque. Ce type de comportement se retrouve déjà chez le chiot pendant la tétée ou en situation de compétition avec ses frères.
Le mouvement de la queue est en fait un moyen utilisé pour faire remarquer sa présence puisque en frétillant le chien dégage un signal olfactif qui est, comme nous le verrons par la suite, un autre système de communication important.
Le frétillement pour demander de jouer ou être récompensé est un signal de type infantile que le chien garde à l'âge adulte vis-à-vis de ses congénères et de l'homme.

CE QUE LE CHIEN RESSENT

Certaines personnes sont convaincues que le chien « ressent » si une personne est un ami, si elle a peur, etc.
Plus simplement, l'animal peut montrer qu'il a capté les messages transmis par l'homme avec la position du corps ou par son attitude calme.

RÔLE DE LA QUEUE SELON CERTAINS AUTEURS

Elle pourrait être :
a) *un signal social ou sexuel, dans la mesure où elle couvre et découvre la zone anale et génitale, la cachant ou la montrant aux autres pour éveiller leur attention ;*
b) *un signe du rang social de l'animal à l'intérieur de la meute, dans la mesure où l'intensité et l'ampleur du battement de queue peuvent indiquer le contrôle de son émotivité.*

Étude de tête : Ch. Dolls Handfull of Magic. Propriétaire : L. Schneider

Que dit le chien quand il « parle »

Les messages acoustiques ou les « vocalises » sont largement utilisés par les chiens pour communiquer à de longues distances. Nous avons tous connu les chœurs à plusieurs voix qui s'élèvent à n'importe quelle heure de la nuit, pendant notre sommeil. Les chiens du quartier se signalent ainsi l'un l'autre un bruit suspect ou le passage d'un individu devant le portail. Nous connaissons également les « propos furieux » de certains chiens qui signalent à leur propriétaire que quelqu'un s'approche de la porte, chose tout à fait naturelle, qui relève de l'instinct de défense du territoire, mais qui est souvent ennuyeuse pour le propriétaire et pour ses voisins.

Cependant, c'est un des objectifs de la communication acoustique, signaler un danger au groupe afin de pouvoir organiser la défense.

Voici d'autres messages que le chien transmet par voie orale suivant le type de voix utilisé : le chiot qui signale avec des gémissements qu'il a froid, faim ou besoin de soins ; l'adulte qui aboie pour signaler à son copain un danger ou une proie ; le mâle qui, avec une variété de sons, fait connaître à la femelle son « ardeur ».

Comment communiquer avec le chien par la parole

Beaucoup de propriétaires partagent l'opinion que leur chien « comprend » le sens des mots les plus disparates et des discours les plus complexes, au point qu'ils instaurent avec lui de véritables conversations en signe de récom-

QUELQUES RÈGLES POUR COMMUNIQUER AVEC LE CHIEN

• Le chien est un animal « sociable » : son comportement est déterminé à la fois par les caractéristiques de l'espèce et de la race et par le milieu où il évolue à partir de son jeune âge jusqu'à l'âge adulte. Par conséquent, afin de lui donner une éducation mesurée pour obtenir un animal équilibré et non pas névrosé, il est important de commencer à communiquer avec lui et de comprendre ses messages depuis son plus jeune âge, car c'est chez le chiot que la capacité d'apprentissage est la plus élevée.

• Si vous voulez « soumettre » le chiot ou l'adulte (à condition que vous ayez préalablement établi votre suprématie), prenez-le par la peau du cou, comme le fait la mère avec les chiots.

• Regarder un chien droit dans les yeux est un signe de « défi ».

• Certaines stimulations particulières, comme des chapeaux, des uniformes, des tenues de sport et toute façon de s'habiller qui sort de l'« ordinaire », comme une blouse de vétérinaire, peuvent provoquer des réactions d'éloignement, voire d'agressivité chez le chien qui n'y est pas habitué.

• Parfois le chien peut réagir de façon négative à des stimulations apparemment neutres, du moins à nos yeux. Généralement, cela s'explique parce que le chien doit associer à ces stimulations des épisodes négatifs vécus précédemment.

• Il ne faut pas s'approcher d'un chien inconnu avec les bras levés ou en faisant des gestes et en tapant des pieds.

• Chaque « ordre » doit être donné accompagné d'un message acoustique et visuel toujours identique. Si le chien est « géré » par plusieurs membres de la même famille, il est important que tous lui donnent des signes concordants et montrent les mêmes réactions à ses comportements.

• Les récompenses ou les punitions (pas trop violentes !) ne sont efficaces que si elles sont immédiates et non données quelques heures ou même quelques minutes plus tard.

• La communication entre l'enfant et le chien est généralement immédiate et réciproque ; toutefois, il convient notamment de contrôler les premiers contacts afin d'éviter de fâcheux malentendus.

pense ou de désapprobation pour un mauvais comportement. La seule chose certaine est que le chien apprend à associer un signal de notre part et un comportement de la sienne et encore notre réaction à ce dernier ; il peut par exemple associer le mot « viens » à l'acte de s'approcher et à celui de recevoir une friandise ; ou alors le

mot « couché » au fait de s'asseoir devant nous pour recevoir ensuite une caresse accompagnée de « bien » ; ou encore le terme « descends » quand il essaie de monter sur notre canapé préféré suivi d'un « non » sec en signe de désapprobation. C'est par le biais de ces associations que l'on instaure ce que l'on appelle l'« apprentissage par le conditionnement », c'est-à-dire le fait que le chien se rende compte de l'existence d'une relation entre un signal acoustique, son comportement et ce qu'il entraîne, surtout s'il s'agit d'une récompense.
La parole-signal correspondant à chaque message peut être choisie au hasard, pourvu que pour chaque message soit toujours utilisée la même parole, sur le même ton, et qu'elle soit accompagnée des mêmes gestes. En cas contraire, notre chien risque de confondre et par conséquent ne va pas obéir ; nous ne pouvons exiger qu'il réponde à différents signaux, même s'ils veulent dire la même chose.

Quand le chien aboie sans raison

Il arrive souvent que notre ami à quatre pattes tente de nous rendre sourd par ses aboiements persistants, ce qui fait dire à de nombreux propriétaires : « Je ne sais plus quoi lui dire ni quoi lui donner pour qu'il cesse d'aboyer » ; or, si l'on considère que, pour le chien, le fait d'aboyer est un système de communication, il est logique que notre attention et notre réponse, au lieu de le faire cesser, l'encouragent à continuer !
Le propriétaire doit donc apprendre à reconnaître les aboiements opportuns et les aboiements inopportuns ; il doit prêter attention aux premiers et ignorer les seconds pour que le chien comprenne quand son système de communication est approuvé ou non. Par exemple, s'il aboie de façon insistante après avoir apporté la balle, c'est une erreur de la lui lancer pour qu'il cesse, car il va la ramener et recommencera à aboyer. Si, en revanche, nous lui apprenons à obéir à un signal qui le fasse taire, alors, nous pourrons lui lancer la balle comme récompense pour qu'il continue à jouer.

Les signaux olfactifs et le marquage du territoire

Si votre chien est un mâle, vous avez sans doute remarqué que pendant la promenade quotidienne, en présence d'autres mâles ou de femelles en chaleur, notamment s'il s'agit d'un endroit inhabituel, il s'empresse de « marquer » de son urine tous

Tsun Golden Klingon. Éleveur : Lory Kelsen. Propriétaire et photo : élevage del Settimo Sigillo

les objets verticaux qu'il rencontre : arbres, roues, coins d'immeuble, etc. De cette façon, le chien signale aux autres qu'il se trouve à cet endroit-là et qu'il est éventuellement disponible pour s'accoupler avec des femelles en chaleur. Le message olfactif se fonde sur des odeurs émises par des glandes et contenues dans les urines, les selles et la bave ; pendant la période d'œstrus les chiens dégagent ce que l'on appelle les phéromones, qui sont des sécrétions particulières indiquant la disponibilité à l'accouplement.
Le marquage du territoire est plus intense si l'animal est de type « dominant », afin d'avoir le dessus sur les « soumis », en particulier ceux du même sexe. Un tel comportement peut être réduit par la castration.
Souvent, le fait de creuser des trous constitue une autre façon de marquer le territoire.

Lorsque le chien salit la maison

Cette habitude fort ennuyeuse est caractéristique du chiot qui vient d'être accueilli dans sa nouvelle maison. Elle a tendance à disparaître, grâce à une éducation correcte de la part du maî-

Bimba del Settimo Sigillo. Éleveur, propriétaire et photo : élevage del Settimo Sigillo

tre, lui permettant de comprendre qu'il faut faire ses besoins à l'extérieur et non dans la maison. Si un tel comportement persiste, il peut être symptomatique d'une pathologie (l'animal est malade et n'arrive pas à se retenir), ou d'une mauvaise éducation, ou encore d'autres formes de « troubles du comportement », comme le « syndrome de l'abandon » si le chien s'oublie seulement quand il reste seul à la maison. Un cas à part est la miction par « soumission » : le chien émet une quantité d'urine, grande ou petite, par exemple quand nous rentrons à la maison après l'avoir laissé seul pendant un certain temps durant la journée, ou quand il se fait gronder, ne serait-ce qu'oralement, ou encore quand il est particulièrement agité. Il s'agit là d'un phénomène à caractère émotionnel qui ne se résout presque jamais avec des systèmes de punition : comme pour les cas précédents, et d'ailleurs pour tous les troubles du comportement, il est nécessaire de rechercher et de comprendre les causes qui ont abouti à une telle situation. Après avoir éliminé la cause organique, il convient d'intervenir selon une méthode adaptée afin de modifier le comportement si possible de façon définitive.

La reproduction

par le professeur L. Guidobono Cavalchini
et le docteur C. Cristofalo

L'accouplement

Le choix de l'accouplement le mieux adapté doit être le fruit de beaucoup de soins et d'un savoir spécifique découlant d'une bonne connaissance de base et de l'expérience.
Si notre connaissance n'est pas suffisante, il vaut mieux se fier aux conseils d'éleveurs ayant de l'expérience et beaucoup de sérieux ; en effet, il est nécessaire d'évaluer non seulement les sujets en question mais il faut connaître leur généalogie et les résultats des accouplements précédents.
L'accouplement ne consiste pas à mettre un mâle en présence d'une femelle dans l'espoir que tout se passe pour le mieux ; il faut prendre en considération un bon nombre de facteurs. Tout d'abord, il faut se demander pourquoi on veut des chiots, si l'on désire cet accouplement dans le but d'avoir une portée de qualité avec des sujets susceptibles de devenir des champions, ou si notre désir est d'avoir des chiots, même tout simplement pour des raisons de gains financiers.
Nous avons déjà dit qu'il existe des Shar-pei de variétés différentes. Au cours de ces dernières années, la morphologie de la race a subi d'importants changements : elle a évolué pour aboutir peu à peu au Shar-pei américain, qui est assez différent du Shar-pei chinois original.
Un accouplement mal adapté pourrait donner des résultats non satisfaisants même si l'on n'a pas d'aspirations à la compétition. Chez d'autres races, un chiot qui ne répond pas tout à fait aux caractéristiques spéci-

Couple bien homogène de l'élevage del Settimo Sigillo

fiques de la race peut sembler parfait, au point que seul un expert est en mesure de déceler les défauts éventuels. Chez les Shar-pei, il en va autrement ; un petit Shar-pei qui naît à la suite d'un accouplement non adéquat peut ressembler à un Terrier, à un Pit-Bull ou à un petit Mâtin. Par conséquent, si le choix de l'accouplement est motivé par des raisons commerciales, il faut choisir les parents adaptés, afin d'avoir une portée qui corresponde le plus possible aux caractéristiques de la race.

Les reproducteurs doivent tout d'abord être sains et ne pas être porteurs d'anomalies héréditaires (dysplasie de la hanche, cryptorchidie, ectropion, entropion, surdité, cécité, atrophie progressive de la rétine, etc.). Ils doivent en outre présenter des caractéristiques morphologiques précises et un caractère franc et bien équilibré.

Comme nous l'avons mentionné à plusieurs reprises, le Shar-pei, bien qu'étant d'une race très ancienne, est en évolution constante et continue de se modifier, en mieux, bien entendu, au point qu'un sujet champion il y a quelques années pourrait aujourd'hui être dépassé et se retrouver lors des expositions confronté à de meilleurs sujets du point de vue

ACCOUPLEMENT DÉCONSEILLÉ

Il existe deux types de Shar-pei : horse coat, *à poil ras, et* brush coat, *à poil légèrement plus long mais toutefois hirsute et piquant. L'accouplement entre deux sujets* brush *n'est pas toujours conseillé, surtout si l'un des deux présente un poil plus souple que ce qui est admis par le standard.*
Dans ce cas, on pourrait avoir des chiots avec un poil long et souple, un hybride entre le Shar-pei et le Chow-Chow.

Un sujet noir et un sujet brun de la même portée : Waggitail Black Magic et Waggitail Mugzy Malone. Propriétaire et photo : L. Zetler

COMMENT S'APERCEVOIR DES CHALEURS

• Elles durent environ trois semaines mais varient beaucoup suivant les sujets.
• Le comportement de la chienne change : elle devient nerveuse et irascible, elle tente des fugues imprévues et n'hésite pas à surmonter les obstacles pour trouver un mâle.
• Elle joue volontiers avec d'autres chiens, mâles et femelles, et avec ses maîtres, en imitant la saillie.
• Elle urine très fréquemment et seulement quelques gouttes en levant la patte comme les mâles.
• La vulve se gonfle et la chienne se lèche souvent.
• Pendant les dix premiers jours, elle a des pertes sanguinolentes.
• Entre le dixième et le quatorzième jour, l'ovulation a lieu, et la femelle accepte le mâle.
• Il existe toutefois une énorme différence de réactions entre les individus.

morphologique. Il convient également de garder le contact avec plus d'un éleveur, notamment avec les Américains, qui sont plus experts et mieux préparés, de consulter les revues spécialisées en ce domaine (*The Barker* est celle qui fait le plus autorité), et de se tenir au courant de l'offre la meilleure de la part de la production internationale.

Ce peut être une expérience émouvante et agréable que d'assister à la gestation, à la mise bas et surtout à l'élevage et au sevrage des chiots ; toutefois, cela demande également des sacrifices et surtout de la disponibilité et un espace approprié. Il est également important de prévoir avant la naissance à qui, ou par quelle voie, on confiera les chiots sevrés.

Le chien est une espèce monoœstrus. En effet, œstrus et ovulation ont lieu en moyenne une fois tous les six mois, mais la variation est importante (entre cinq et douze mois) et dépend des sujets et des saisons. Les canidés sauvages entrent en œstrus une fois par an.

Les premières chaleurs font leur apparition entre huit et douze mois, mais il est conseillé de faire couvrir la chienne à partir du deuxième ou troisième œstrus parce que, souvent, l'organisme n'a pas encore terminé sa croissance et une gestation pourrait compromettre son développement. Les chaleurs se manifestent pendant toute la vie de la femelle, qui ne présente pas de ménopause, et continue à avoir des œstrus pendant la vieillesse. Il est conseillé de ne pas faire couvrir la femelle à chaque chaleur mais de le faire de façon alternée afin de laisser un temps suffisant entre une mise bas et une autre. Il est en outre conseillé de ne plus faire couvrir la femelle après sa septième ou sa huitième année de vie.

Les moments physiologiques du cycle reproductif sont sous l'influence de variations hormonales complexes.

La femelle accepte la mâle uniquement pendant la période de l'œstrus et généralement entre le dixième et le quatorzième jour, même si certaines femelles acceptent le mâle plus longtemps et d'autres pendant une période très courte – un jour, voire moins. Quand la fécondation a eu lieu, la femelle, généralement, n'accepte plus le mâle. Il est possible de détecter la période la plus propice pour l'accouplement grâce à l'examen microscopique des sécrétions vaginales ou par une prise de sang pour déterminer le taux de progestérone.

Les mâles atteignent également leur maturité sexuelle entre le huitième et le douzième mois, mais il convient de les faire s'accoupler après leur première année. Ils sont attirés par l'odeur que dégage la femelle qu'ils arrivent à sentir à des distances considérables.

Le mâle est fécond pendant toute sa vie, mais seulement s'il a déjà couvert une femelle ; en revanche, s'il n'a pas couvert de femelle avant ses quatre ou cinq ans, il pourra difficilement être reproducteur.

Comment a lieu l'accouplement

C'est la femelle Shar-pei qui doit être conduite vers le mâle pendant la période où elle peut être couverte. Lorsqu'on accepte chez soi une femelle pour la saillie, on assume une grande responsabilité en ce qui concerne la sécurité car elle traverse une phase délicate de sa vie et pourrait ne pas apprécier sa nouvelle demeure.

Le moment le plus propice peut être détecté non seulement au moyen

UN ACCOUPLEMENT NON DÉSIRÉ PEUT-IL AFFECTER LES PORTÉES FUTURES ?

Cette théorie, appelée télégonie, était largement répandue au début du siècle, mais aujourd'hui, sur la base des connaissances biologiques, elle est totalement rejetée. Selon cette théorie, une chienne qui s'était laissé « séduire » par un bâtard supportait les conséquences de son acte également sur les portées futures. Il n'y a pas de raisons de s'inquiéter : chaque gestation et sa portée sont uniquement influencées par le couple qui les génère. Toutefois, il y a encore aujourd'hui des gens qui croient à la télégonie.

Ch. Repr. Angl. China House Danish Explorer of Vanden. Éleveur : Merete Rivier. Propriétaire : Glenda Parkes

d'examens de laboratoire, mais aussi par l'observation du comportement de la femelle, qui a tendance à basculer la queue de côté quand elle est prête à recevoir le mâle, surtout si on lui touche le dos. Certaines femelles se sentent en confiance avec un mâle qu'elles ne connaissent pas, d'autres ont besoin d'un temps plus long pour les « présentations ». La phase préliminaire est caractérisée par la cour du mâle et par des jeux rituels. Les deux chiens se reniflent et se lèchent jusqu'au moment où la femelle laisse le mâle monter sur son dos (saillie), lui permettant l'accouplement (copulation). Dans certains cas la femelle n'accepte pas le mâle et le repousse de façon énergique, voire agressive ; cela dépend souvent du moment choisi, mais dans certains cas il peut s'agir d'un comportement anormal de la femelle. En présence de sujets jeunes, il peut

Ch. Brush Creek A-Capella Chang à sept ans et demi, encore en pleine forme. Éleveur : A-Capella

s'avérer utile d'aider le mâle en retenant la femelle, même si dans l'absolu les chiens devraient avoir tout leur temps pour que la saillie se fasse naturellement.

Pendant la saillie, le pénis est en érection et pénètre dans le vagin ; peu après, le mâle descend du dos de la femelle et, conséquence d'une particularité anatomique, se tourne sans pour autant se détacher.

Le pénis est fléchi à 180°, et les deux chiens restent queue contre queue pendant une période qui dure en moyenne quinze à vingt minutes, mais qui peut également aller de cinq à quarante-cinq minutes. Pendant cette deuxième phase a lieu l'émission du liquide prostatique. Ensuite, le volume du pénis diminue, et les deux sujets se détachent. Il est important de ne pas provoquer un détachement violent pendant cette phase car cela pourrait provoquer des lésions au niveau des organes génitaux. Il est donc souhaitable que deux personnes assistent à la saillie afin de retenir les deux sujets et éviter une séparation trop brusque.

Il convient d'effectuer deux ou trois accouplements à un intervalle allant de vingt-quatre à quarante-huit heures. Quand la diffusion de la race était à ses débuts, le Shar-pei avait la renommée d'être difficile à reproduire à cause des cycles irréguliers des femelles ; aujourd'hui, la connaissance de la race est telle qu'elle nous a permis d'améliorer les choses. Cependant, nous ne pouvons pas affirmer que la reproduction est vraiment facile ; il n'est pas pensable de faire s'accoupler deux Shar-pei sur un parking ou lors d'une exposition, même si cela peut arriver.

Il n'est pas suffisant qu'un mâle soit un excellent sujet pour convenir à toutes les femelles. De plus, il n'est pas rare qu'un mâle, dans l'élan de son excitation, n'arrive pas à trouver la bonne partie anatomique de la femelle et éjacule à l'extérieur et se retire déçu, sans compter les éventuelles récriminations de la femelle, qui n'a pas été satisfaite.

Un accouplement bien étudié et soigné pour produire un sujet à poil ras avec une tête importante : Khambaliq Grispies. Propriétaire et photo : Komauli

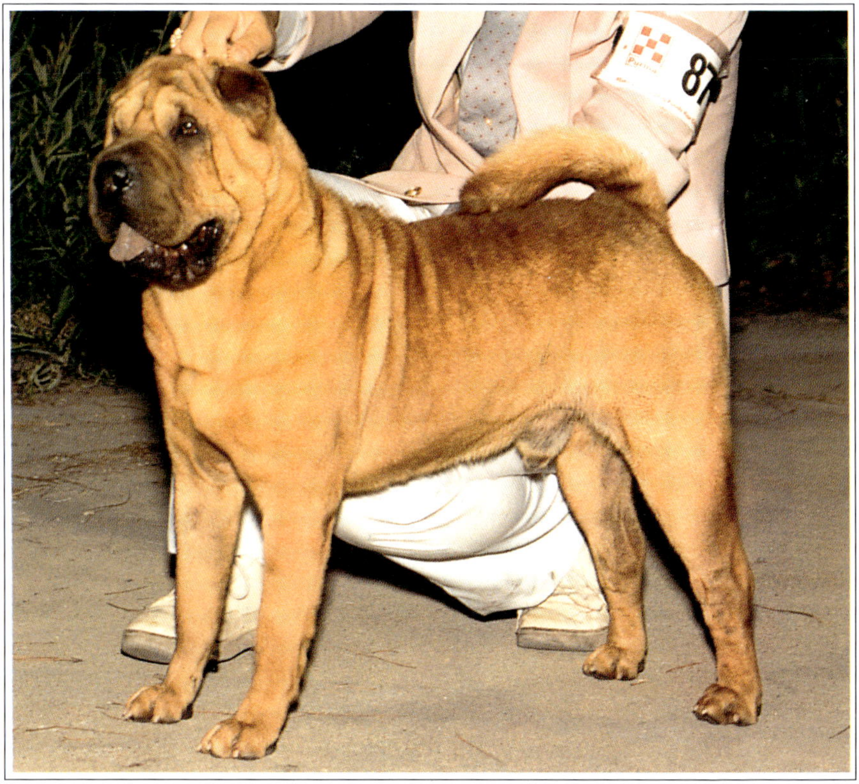

Mr. Matt Dillon, Shar-pei top aux États-Unis en 1992. Il a produit plus de cinq cents petits. Éleveur : A-Capella. Propriétaire : Tingen (photo Harkins)

Dans le cas où l'on ne réussirait pas à accoupler deux chiens, on peut recourir à la fécondation artificielle.
Il est évident que le mâle doit être sélectionné avec plus d'attention et de soin que la femelle car au cours de sa vie et de ses multiples accouplements, un mâle reproducteur produit plus de chiots qu'une femelle. Quelques grands champions américains, tel Gold's A-Capella Matt Dillon, peuvent couvrir cinquante à soixante femelles au cours d'une seule année.
Cela ne veut pas dire qu'il faut négliger les qualités de la femelle, mais si on peut accepter un très léger défaut chez la future mère, il faut être plus vigilant pour le mâle, étant donné que si on continue à utiliser n'importe quel mâle disponible, les améliorations génétiques de la race ne se feront pas aussi rapidement qu'on le souhaiterait.

La gestation

Les Shar-pei ne sont pas des chiens très prolifiques : généralement, les chiots sont au nombre de trois ou quatre et seulement dans des cas exceptionnels au nombre de cinq.
La gestation dure en moyenne soixante à soixante-trois jours mais peut varier énormément car il est difficile de déterminer le moment de la fécondation de l'ovule. En effet, les spermatozoïdes peuvent vivre à l'intérieur de l'appareil génital de la femelle pendant une assez longue période. Il y a eu des cas où la période de gestation a varié de cinquante-sept à soixante-douze jours à partir de l'accouplement.
Il est conseillé de toujours noter les dates de chaque accouplement. En ce qui concerne les variations hormonales, la donnée la plus importante est la période qui sépare le pic en LH (hormone luténisante), que l'on détecte environ deux jours avant l'ovulation, et la mise bas ; cette période varie de soixante-quatre à soixante-six jours. Chez le chien, la fécondation de l'ovule n'a pas lieu tout de suite après l'ovulation, mais nécessite une maturation de deux ou trois jours.
Pendant le premier mois de gestation, la femelle ne montre pas de signes particuliers, c'est seulement au cours du deuxième mois qu'il est possible de voir un gonflement de l'abdomen.
La chienne en gestation a besoin de faire beaucoup d'exercice physique ; elle doit se promener tous les jours, mais il convient de lui éviter des efforts excessifs et des sauts. Pendant le deuxième mois, il faut améliorer son régime et lui distribuer deux repas, tout en veillant à ce qu'elle ne prenne pas de poids. Une semaine avant l'heureux événement, il convient d'installer dans un endroit tranquille et isolé la caisse de mise bas.

LA MÊME PORTÉE PEUT-ELLE AVOIR PLUSIEURS PÈRES ?

La possibilité que la chienne puisse être fécondée par deux ou plusieurs étalons est réelle. En effet, du point de vue physiologique, il se peut que certains ovules soient fécondés par les spermatozoïdes d'un mâle et d'autres ovules par ceux d'un autre. Cela est possible puisque les spermatozoïdes restent vivants et féconds longtemps à l'intérieur de l'appareil génital de la femelle. Il s'agit toutefois d'une situation plutôt rare et, de toute façon, chaque ovule peut être fécondé par un seul spermatozoïde. Il convient donc de garder sous contrôle la femelle même après l'accouplement, afin d'éviter des surprises désagréables.

PLUSIEURS ACCOUPLEMENTS ESPACÉS PEUVENT-ILS ÊTRE NUISIBLES ?

Certaines personnes croient que si une femelle a été saillie plusieurs fois avec un intervalle de temps, les ovules peuvent être fécondés à une période différente. Cela entraînerait la naissance de certains chiots à terme et d'autres prématurément. Cette croyance n'a pas de fondement biologique. En effet, l'ovulation est provoquée par des stimulations hormonales et a lieu dans un laps de temps assez court. Chez les canidés sauvages, il est normal que les saillies se répètent tant que la femelle accepte le mâle, et il n'y a pas de raison que cela puisse nuire à la gestation de nos chiens. Au contraire, en répétant la saillie sur vingt-quatre à quarante-huit heures, on augmente les probabilités de fécondation.

DIAGNOSTIC DE GESTATION

- *Il a lieu entre le vingtième et le vingt-cinquième jour après l'accouplement grâce à la palpation abdominale. Les probabilités d'erreur sont élevées et dépendent de la taille de l'animal, de son état de grossissement, de la palpabilité du ventre.*
- *Vingt à vingt-cinq jours après l'accouplement, grâce à l'échographie, il est possible de détecter la formation des embryons et les battements cardiaques des fœtus.*
- *Quarante-six à cinquante jours après la saillie, grâce à l'examen radiologique, il est possible de mettre en évidence les noyaux des ossifications des fœtus.*
- *Il n' y a pas de tests rapides comme pour d'autres espèces.*

La mise bas

Quand la gestation arrive à son terme, la femelle, généralement inquiète, creuse afin de faire un « nid » ; quelques jours avant, elle ne mange pas et, entre douze heures et vingt-quatre heures avant l'événement, la température rectale descend de un degré centigrade. Il convient de prendre tous les jours la température et de noter le résultat. Il est important que la chienne comprenne où elle doit mettre bas. Elle doit avoir dans un lieu tranquille et isolé, mais toutefois familier, une caisse de mise bas, généralement fabriquée en bois, aux dimensions variables suivant la taille du chien ; pour un chien de petite taille, elle doit être de 100 cm x 80 cm avec des rebords

Chiots del Settimo Sigillo à trois jours

de 40 cm à 50 cm. Il convient de mettre à l'intérieur une séparation afin d'éviter que la mère n'écrase ses petits. Sur le fond, on peut clouer de la moquette, qu'il faudra changer régulièrement. Pendant l'hiver, si l'endroit n'est pas chauffé, il convient de placer une lampe à infrarouges, tout en veillant à ce qu'elle ne chauffe pas excessivement. Pendant la mise bas proprement dite, la chienne doit être laissée le plus possible tranquille ; généralement, elle se débrouille seule, mais il vaut mieux la surveiller. Les chiots présentent généralement la tête avec les membres antérieurs vers l'avant, même si fréquemment les petits se présentent en position de siège, ce qui n'entraîne généralement pas de complications. En revanche, si le chiot ne présente que la tête ou un seul membre antérieur, la naissance sera difficile. Dans ce cas-là, il ne faut pas tirer, car les tissus sont très fragiles et pourraient subir des lésions. Il suffit d'aller dans le sens des poussées de la mère à intervalles réguliers. La femelle, surtout si c'est sa première mise bas et si elle a plus de trois ans, peut avoir des difficultés à éjecter le premier chiot – cela peut prendre une heure.

Chaque chiot est enveloppé dans un tissu transparent (sac amniotique) que la chienne déchire tout de suite après la naissance (ou il se déchire pendant la mise bas) et qu'elle mange. La mère stimule le petit pour qu'il respire, elle le lèche énergiquement après avoir coupé avec les dents le cordon ombilical. Puis elle le pousse avec décision vers le mamelon le plus proche. Le placenta peut être expulsé attaché au cordon ombilical ou cinq, dix minutes après la naissance de chaque chiot, et la mère se charge de le manger. L'intervalle entre la naissance d'un chiot et celle d'un autre varie généralement de deux à trois heures, notamment entre le premier et le deuxième, puis cet intervalle diminue. Si la femelle est stressée la naissance du dernier peut même avoir lieu dix-huit heures après.

La durée de la mise bas varie de quatre à huit heures selon le nombre de chiots et divers autres facteurs ; elle peut également se prolonger jusqu'à vingt-quatre heures sans qu'il y ait de complications ; toutefois, si les huit heures sont dépassées, il convient de consulter un vétérinaire.

Pendant la mise bas, les pertes sont abondantes, de couleur vert foncé avec des traces rougeâtres, ont une odeur forte mais ne sont pas putrides. En revanche, si la couleur est jaunâtre, les pertes sont purulentes et ont une odeur désagréable, c'est l'indice d'une infection, ce qui est très grave pour la mère et les petits. Des pertes verdâtres peuvent précéder de quelques heures la naissance du premier chiot et sont dues à l'émission de sang stagnant, produit par des hématomes suite au détachement du placenta. En cas de difficulté, il est possible d'avoir recours à une césarienne effectuée par le vétérinaire sous anesthésie générale. Vingt-quatre heures après la mise bas, il convient de faire contrôler la chienne, notamment s'il y a eu une hausse de température.

Il est aussi important de vérifier que l'utérus subit un processus d'involution. Dans les jours qui suivent, en effet, l'utérus se rétracte et éjecte des membranes et des caillots ; si ce phénomène se prolonge, ou s'il se

LA MISE BAS

- *Une à deux semaines avant, les mamelles deviennent turgescentes et la sécrétion de lait peut commencer ; elle peut toutefois tarder jusqu'à quelques heures avant la mise bas.*
- *Deux à trois jours avant, la femelle est calme et commence à s'isoler et à moins manger.*
- *Douze à vingt-quatre heures plus tôt, la température rectale diminue de 1 °C. La musculature pelvienne et abdominale se relaxe.*
- *Douze à vingt-quatre heures avant, la respiration devient plus rapide, la chienne ronge et détruit les couvertures : elle prépare un « nid » où elle pourra mettre bas.*

déroule avec une intensité excessive ou une odeur désagréable, il convient de faire appel au vétérinaire.
Quelques jours après la mise bas, si le nombre de chiots est important, il est possible de se trouver face à une tétanie due à une baisse du taux de calcium, qui se concentre dans la production de lait (éclampsie).
Après la mise bas, la femelle passe la plupart de son temps dans sa caisse, et il n'est pas facile de l'en éloigner. Il faut être vigilant, car elle pourrait se montrer extrêmement agressive vis-à-vis des personnes inconnues ou d'autres chiens : c'est l'instinct qui la pousse à protéger sa progéniture.
L'allaitement dure entre quarante et cinquante jours jusqu'au sevrage, mais il est possible d'aider la nouvelle mère à partir du vingtième, vingt-cinquième jour en apportant une alimentation artificielle aux chiots. Pendant la lactation, il convient de voir si les mamelles ne sont pas douloureuses et si elles produisent toutes du lait.
Les Shar-pei naissent avec la langue rose et la robe complètement lisse, sans rides, même si parfois il

Hopium del Settimo Sigillo. Éleveur, propriétaire et photo : élevage del Settimo Sigillo

est possible de voir des Shar-pei nouveau-nés avec des ondulations sur la robe. Cette caractéristique de la robe à la naissance n'a rien à voir avec la qualité et l'aspect des rides des futurs adultes.
Quand la mise bas est terminée, il convient de changer consciencieusement le tapissage de la caisse qui sera taché d'un liquide verdâtre ; ensuite, la femelle va s'allonger tranquille et relaxée et, après avoir bu une bonne quantité d'eau, elle va réunir sa portée autour d'elle pour l'allaitement.

La grossesse nerveuse

Ce cas de figure est assez fréquent et se présente chez des sujets normaux. Les symptômes apparaissent à deux mois et ressemblent à ceux d'une chienne en gestation : faim, soif, vomissements, état d'inquiétude et grossissement abdominal. La lactation fait son apparition pendant la dernière période et entraîne des problèmes de mastite, car il n'y a pas de chiots pour téter. Une cause probable pourrait être l'évolution de la progestérone sérique.

N'importe quel endroit est idéal pour dormir. Moonlight of Siam à sept semaines. Éleveur : Signorini. Propriétaire : Legrenzi

Le choix du chiot

L'achat

Le choix d'un Shar-pei n'est pas une entreprise facile, car la race n'est pas très répandue, et il arrive souvent que l'on tombe sur des sujets de provenance douteuse. Si vous êtes vraiment sûr que le Shar-pei est le chien que vous voulez accueillir au sein de la famille, le problème est de savoir chez qui vous pouvez acheter un chiot pour être par la suite certain d'avoir fait un achat réfléchi et qui ne pose pas de problèmes d'adaptation, de caractère ou de santé.
Tout d'abord il ne faut pas se laisser influencer par l'opinion répandue selon laquelle les heureux propriétaires de Shar-pei les arborent comme des *signes extérieurs de richesse*. Il convient également d'accueillir chez soi non pas un jouet mais un ami qui vous tiendra compagnie pendant de nombreuses années.
Une fois la décision prise d'accueillir chez vous un petit de Shar-pei, en toute responsabilité, il convient de commencer les recherches auprès d'éleveurs qualifiés dont les adresses vous seront fournies par le Shar-pei Club de France.
Vous commencerez par des visites auprès des éleveurs ou chez les propriétaires d'un couple de Shar-pei ayant eu des chiots. Il convient de prendre note du nombre de chiots en possession du vendeur potentiel et s'il s'agit de sujets qui ont grandi en élevage, dans l'appartement ou le jardin du propriétaire ; en effet, cela a un impact sur la socialisation de l'animal.

Un sujet couleur crème, style chinois. Khambaliq Beverly. Éleveur, propriétaire et photo : Pizzamiglio

LE SYNDROME DU SHAR-PEI

Le syndrome du Shar-pei consiste en une irritation cutanée légère et passagère, provoquée par le poil piquant du chien.
Généralement, quand le maître serre son chien dans ses bras, cette irritation se manifeste à l'intérieur des bras. Le poil piquant du chien provoque des micro-piqûres et rend la peau rouge. Il est erroné de croire qu'il s'agit d'une allergie.
Généralement la rougeur disparaît dans l'heure et, si l'éleveur a déjà prévenu le futur propriétaire, ce dernier n'a aucune raison de s'inquiéter.
Cet inconvénient a lieu seulement en présence de chiens au poil ras et très piquant. Aux États-Unis, on préfère le type brush coat, *au poil légèrement plus long, car il ne provoque pas cette réaction de la peau, notamment chez les enfants, qui ont une peau plus fragile, ce qui ne manque pas d'alerter les parents.*

Chiot brush coat *: Arctic del Settimo Sigillo. Éleveur, propriétaire et photo : élevage del Settimo Sigillo*

Les Shar-pei ont besoin d'être entourés et d'être traités avec beaucoup d'affection. Il est donc improbable que le propriétaire d'un grand élevage puisse leur consacrer tout le temps nécessaire.
Une fois mis en confiance, et s'ils se sentent aimés, les Shar-pei se révèlent d'excellents compagnons ; il est donc indispensable que l'éleveur qui ne peut pas s'occuper de chacun de ses chiens leur permette de passer un peu de temps à tour de rôle chez lui, afin qu'ils puissent bénéficier individuellement d'un peu d'attention.

Aujourd'hui, la participation du Shar-pei aux expositions nationales et internationales est presque notoire. Il est donc conseillé de s'y rendre, cela donne l'occasion d'observer un sujet en chair et en os, puisqu'on ne les voit souvent que dans les magazines ou à la télévision.
Il faut à présent choisir entre un mâle et une femelle. En effet, les deux sexes ont des exigences différentes, même si tous deux demandent beaucoup de soins et d'attention.

MÂLE OU FEMELLE ?

C'est souvent le dilemme qui se pose avant l'achat d'un chiot : mâle ou femelle ? Sans doute le mâle est plus imposant, plus sûr de lui et plus recherché que la femelle.
La femelle est en général plus affectueuse, plus docile, mais, à cause de ses chaleurs deux fois par an, avec tous les désagréments que cela entraîne, elle est souvent rejetée. Il convient toutefois de prendre en considération le fait qu'une belle portée sera une source de joies pour ceux qui recevront en cadeau ou achèteront les chiots.
Les facteurs déterminants pour le choix d'un chiot sont tout d'abord le caractère, l'amour et les soins dont il a besoin. Il suffit de garder tout cela à l'esprit, et votre choix, quel qu'il soit, vous donnera beaucoup de satisfaction.

Groupe de famille Khambaliq

Pas de traces d'entropion. Khali. Propriétaire : De Angelis

Généralement les femelles sont plus affectueuses et plus dociles que le mâle, plus enclin à suivre son instinct de liberté et plus réservé dans ses effusions. Il faut toutefois considérer que la femelle, à partir de sa première année, est en chaleur tous les six mois pendant une période qui peut varier de quinze à vingt jours. Pendant ce temps-là, il faut la surveiller pour éviter des gestations non désirées et subir des pertes regrettables.
Bien que les Shar-pei soient des chiens très propres, il convient de rappeler que l'habitude de marquer le territoire en urinant est assez enracinée chez le mâle, et il peut arriver qu'il ne la perde pas.
Vous voilà finalement chez un éleveur, devant une merveilleuse portée de deux mois toute frétillante et joyeuse. C'est là que le choix devient vraiment difficile. Vous êtes attiré à la fois par les rides de la robe d'un petit chiot, par le regard d'un autre et par la couleur d'un autre encore, au point que vous seriez tenté de les prendre tous.

Deux portées Khambaliq qui posent

Il est utile d'écouter et de suivre les conseils de l'éleveur : le caractère d'un Shar-pei se manifeste vers les cinq ou six semaines et, grâce à son expérience, l'éleveur saura vous décrire les différents degrés d'agressivité, de domination, de soumission et de timidité des chiots afin que vous puissiez choisir celui qui vous convient le mieux. Il est important de ne pas se laisser guider dans son choix par la quantité de plis sur le corps du chiot, en effet chez certains sujets ils apparaissent tôt, chez d'autres plus tard. De toute façon ce ne sont pas les plis qui déterminent la qualité d'un Shar-pei. Il est opportun de vérifier si les parents du chiot que vous voulez acquérir sont à leur première portée ou s'il y en a eu d'autres. Vous pouvez également demander à les rencontrer ou à voir leur photo : cela vous donnera une idée de l'apparence du chiot à l'âge adulte.

Il conviendra également de vous renseigner sur les problèmes de santé éventuels des parents, notamment les problèmes de peau. Les problèmes d'yeux, par exemple d'entropion, sont assez

Une belle variété de couleurs : crème, abricot et brun. Khambaliq Beverly avec ses chiots. Éleveur, propriétaire et photo : Pizzamiglio

communs chez les Shar-pei ; il faudra donc vous renseigner pour savoir si les parents en ont souffert et, quand vous examinerez le chiot, il faudra vous assurer que ses yeux sont limpides et brillants, qu'ils ne sont pas embués ni larmoyants.

La langue est particulièrement importante chez les Shar-pei et mérite notre attention : il est évident qu'à deux ou trois mois la langue ne sera pas complètement bleuâtre ou noire, puisque à la naissance elle est rose, mais déjà vous pouvez avoir une idée de son aspect quand le chien sera adulte. Un Shar-pei de très bonne qualité doit avoir la langue et le palais complètement foncés, sans aucune tache claire visible.

Les oreilles méritent également un peu d'attention : elles doivent être très petites et bien adhérentes au crâne. Il est possible que des oreilles relevées chez un chiot Shar-pei deviennent comme celles du Chow-Chow à l'âge adulte. Il faut également observer la dentition : à son âge, elle n'est pas complète, mais il est toutefois possible de relever le bon alignement et la fermeture en ciseaux ; il est également possible de constater que la lèvre inférieure ne couvre pas les dents inférieures. En ce qui concerne la robe, le poil est encore celui d'un chiot,

Selvaggia del Settimo Sigillo. Éleveur : del Settimo Sigillo. Propriétaire : Brega

Une belle variété de couleurs : crème, abricot et brun. Khambaliq Beverly avec ses chiots. Éleveur, propriétaire et photo : Pizzamiglio

communs chez les Shar-pei ; il faudra donc vous renseigner pour savoir si les parents en ont souffert et, quand vous examinerez le chiot, il faudra vous assurer que ses yeux sont limpides et brillants, qu'ils ne sont pas embués ni larmoyants.

La langue est particulièrement importante chez les Shar-pei et mérite notre attention : il est évident qu'à deux ou trois mois la langue ne sera pas complètement bleuâtre ou noire, puisque à la naissance elle est rose, mais déjà vous pouvez avoir une idée de son aspect quand le chien sera adulte. Un Shar-pei de très bonne qualité doit avoir la langue et le palais complètement foncés, sans aucune tache claire visible.

Les oreilles méritent également un peu d'attention : elles doivent être très petites et bien adhérentes au crâne. Il est possible que des oreilles relevées chez un chiot Shar-pei deviennent comme celles du Chow-Chow à l'âge adulte. Il faut également observer la dentition : à son âge, elle n'est pas complète, mais il est toutefois possible de relever le bon alignement et la fermeture en ciseaux ; il est également possible de constater que la lèvre inférieure ne couvre pas les dents inférieures. En ce qui concerne la robe, le poil est encore celui d'un chiot,

Selvaggia del Settimo Sigillo. Éleveur : del Settimo Sigillo. Propriétaire : Brega

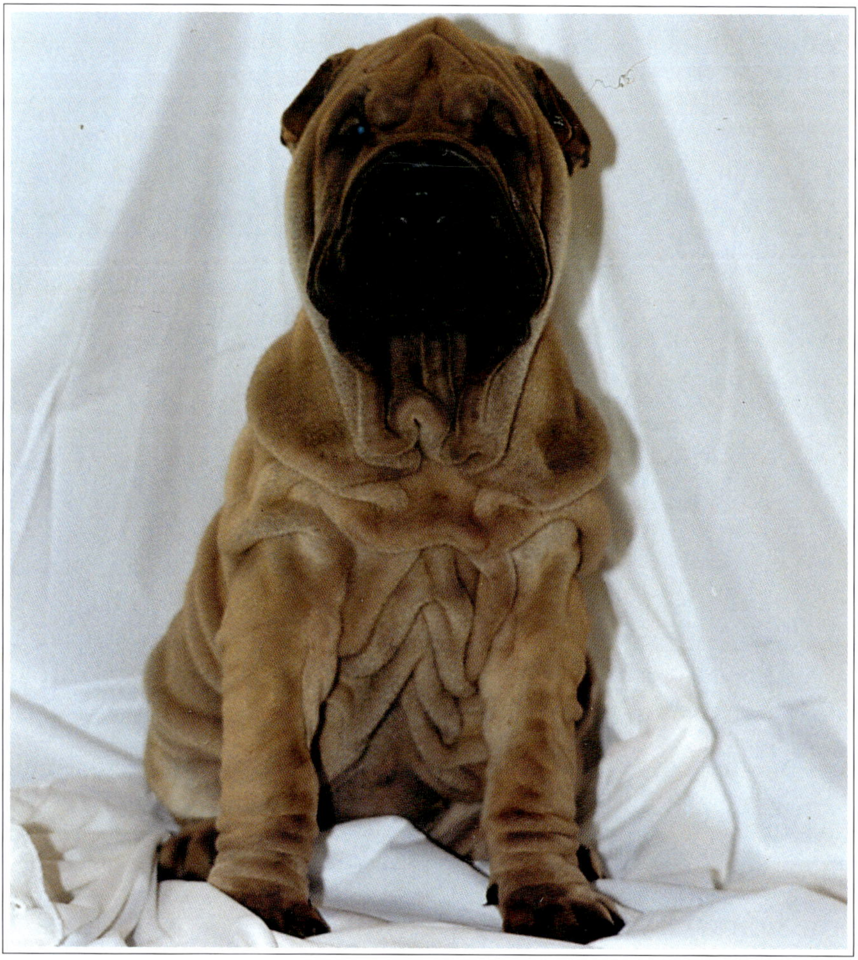

par conséquent, il va changer ; toutefois, vous pouvez en évaluer la longueur et la dureté.
Si le chiot fait partie d'une portée, il faut observer son comportement à l'intérieur du groupe : un chiot heureux et sociable ne restera pas isolé dans un coin, attitude qui indique qu'il est timide et peureux, cela pouvant empirer avec l'âge ; de même, un chiot trop entreprenant et trop fougueux pourrait révéler dans le futur un caractère excessivement agressif.

Robin di Rocco Malasorte, avec les oreilles en tulipe très recherchées. Éleveur : Lambiase. Propriétaire : E. Sordo (photo Pizzamiglio)

Il faut observer le port de la queue, qui doit être bien érigée et ne doit pas tomber entre les jambes, ce qui indique malaise et peur.
Une autre chose à observer est le mouvement, qui doit être souple et désinvolte. Il convient de contrôler la forme et la position du pied, qui ne doit pas présenter une coloration rouge entre les doigts, symptôme de dermatites possibles dans l'avenir. Les antérieurs doivent être droits et parallèles.
Il est important de vérifier, chez le mâle, qu'il ne soit pas frappé de monorchidie en regardant si les deux testicules sont descendus dans le scrotum.
Renseignez-vous sur les garanties que l'éleveur peut vous fournir quant au caractère et à l'état de santé du chien pendant un laps de temps raisonnablement long. Aucun éleveur ne sera content de voir revenir l'un de ses chiots, les accords doivent donc être clairs et bien définis.
Il est conseillé de jeter un coup d'œil au pedigree des parents du chien : c'est une source de renseignements précieux : la lignée de sang, la provenance des parents et la présence de champions éventuels. Après toutes ces considérations et observations, il ne vous reste qu'à accepter avec prudence les déclarations de l'éleveur sur la perfection de ses chiens et l'absence totale de problèmes : nul n'est parfait, pas même les Shar-pei.
Il est important d'expliquer à l'éleveur pour quelle raison vous achetez un Shar-pei, si c'est pour offrir un compagnon de jeux aux enfants ou si vous avez l'intention de le faire participer à l'avenir aux expositions pour en faire éventuellement un champion.
Dans ce cas, l'éleveur devra vous faire remarquer de petites imperfections, comme la langue tachée ou la fermeture incorrecte des dents, et vous conseiller un sujet qui a plus de chances de participer aux expositions et de remporter des prix.
Il conviendra de vous assurer que la portée a été enregistrée, car il faut généralement du temps pour que le n° LOF soit établi par la SCC et il est rare de l'obtenir au moment de l'acquisition du chiot.
Un bon éleveur livre toujours avec le chiot le livret de santé où sont inscrits les vaccinations et le numéro du tatouage ainsi qu'un petit mémento avec la liste des démarches à suivre pendant les premiers mois de vie : le type d'alimentation, la fréquence de distribution des repas, les traitements, les soins quotidiens, etc., afin d'assurer le développement correct du chiot.
Si vous avez effectué ces contrôles et assimilé ces informations, l'éleveur sérieux, qui ne produit

LE PRIX

Quand le Shar-pei a fait son apparition sur le marché, il a fait couler beaucoup d'encre. Il a été décrit non seulement comme le chien le plus rare au monde mais aussi comme le chien le plus cher au monde. Sa citation dans le Guinness des records, *les VIP qui possédaient un ou plusieurs Shar-pei et les arboraient comme un signe extérieur de richesse, sa participation dans des spots publicitaires pour produits de luxe coûteux et destinés à une élite n'ont fait que confirmer cette rumeur.*
Il ne fait pas de doute qu'un beau chiot coûte cher, mais pas autant que l'on pourrait le croire. Au contraire, si l'on considère les soins particuliers qu'un chiot de Shar-pei nécessite afin d'être nourri et élevé (son alimentation est analogue à celle d'un enfant : petits pots à la viande, potages, calcium, vitamines, etc.), la somme qu'un éleveur honnête et de bonne foi demande pour un chiot de compétition sevré et vacciné n'est pas tellement élevée.
Il est également possible de trouver sur le marché des sujets vendus à un prix sensiblement inférieur, notamment pour les animaux qui proviennent des pays de l'Est. Il convient de se méfier de ceux qui proposent de telles affaires ; en effet, la plupart du temps, il s'agit d'animaux délivrés sans garantie et souvent porteurs de maladies qui écourtent sensiblement leur vie.

pas les chiens dans le seul but de les vendre, jugera bon de son côté d'obtenir quelques renseignements pour savoir à qui est destiné son chiot. Il voudra savoir si tous les membres de la famille sont d'accord pour accepter ce nouvel ami, s'il y a d'autres animaux, des enfants très jeunes, s'il va vivre en appartement ou dehors, s'il restera seul une partie de la journée, etc.
Une relation correcte et un échange honnête d'opinions pourront satisfaire les deux parties et jeter les bases d'une nouvelle amitié.

Le chiot à la maison

Vous voici à la maison avec votre chiot ! C'est le moment le plus critique et le plus délicat pour le chiot, car il va se trouver dans un endroit inconnu, loin de sa mère et de ses frères avec lesquels il avait l'habitude de jouer et contre lesquels il se blottissait pour chercher chaleur et protection. Il va être le centre d'intérêt de toute la famille et de tous les amis qui voudront vous complimenter pour votre choix, mais le petit chien ne comprendra pas toutes ces attentions, et il risque d'avoir peur.

Un sujet de couleur diluée, abricot. Khambaliq Paolino. Éleveur : Pizzamiglio. Propriétaire : V. Brunelletti (photo Pizzamiglio)

Il s'agit d'un moment très important, car de cet instant va dépendre le développement du caractère du chiot, qui peut se transformer en chien sûr de lui ou en sujet peureux, s'effrayant de tout événement.
Il est conseillé d'introduire le chiot dans sa nouvelle demeure durant le matin ou au début de l'après-midi pour qu'il puisse avoir le temps de s'adapter à son nouvel environnement. Dans un premier temps, il aura du mal à rester seul, surtout la nuit, et il recherchera votre compagnie. Il ne faut donc pas vous étonner s'il aboie ou se plaint pendant les premières nuits, à moins que vous n'ayez décidé de le faire dormir à côté de votre lit. Attention, les mauvaises habitudes s'attrapent facilement et sont très difficiles à éliminer, aussi lui serat-il difficile de comprendre pourquoi on lui interdit ce qui lui a été permis la nuit précédente. Si vous décidez de le faire dormir dans un endroit bien déterminé, loin de votre chambre, il faudra vous armer d'une bonne dose de patience en allant vers lui quand il vous appelle non pas pour le gronder, mais pour le rassurer et lui faire comprendre que vous êtes là en cas de besoin.
Même si vous possédez un jardin, il est préférable de faire dormir le Shar-pei à l'intérieur, à l'abri du froid, de l'humidité et de la pluie ; il se sentira protégé et plus près de vous. Le Shar-pei prend diverses positions pendant son sommeil, il dort en boule ou allongé, mais sa position typique est la position de l'ours : la tête entre les pattes antérieures, le ventre par terre et les pattes postérieures écartées en arrière.
Il arrive souvent que pendant le sommeil il se plaigne, aboie ou sursaute : aucun problème. Il rêve

tout simplement qu'il est en train de jouer ou de se bagarrer, il suffira d'une caresse pour le calmer.
Si vous voulez le prendre dans vos bras, il convient de le faire avec beaucoup d'égards. Il ne faut pas oublier que le Shar-pei est un chien corpulent et lourd, même quand il est tout petit ; par conséquent, il ne faut pas le soulever par les pattes antérieures mais il faut le tenir par la partie postérieure du corps. De cette façon, il est possible d'éviter une éventuelle hernie à l'aine ou au nombril.
Le Shar-pei est généralement un chien très propre qui fait rarement dans la maison ; il est toutefois opportun de l'habituer avec des feuilles de papier initialement placées à côté de l'endroit où il dort et au fur et à mesure de plus en plus près de la porte ; il s'habituera ainsi à s'y diriger quand la nécessité s'en fera sentir. Il va de soi que, si vous n'avez pas de jardin, il faudra le sortir au moins trois ou quatre fois par jour.
L'éleveur vous fournira un petit prospectus contenant les indications alimentaires à suivre pendant les premiers mois de vie. Jusqu'à trois mois, le chiot doit être nourri trois fois par jour : le matin, à midi et le soir. Autour des trois-quatre mois, on passera à deux repas puis à un seul à l'âge adulte, qui sera de préférence donné le soir. Le Shar-pei, comme tout autre chien, se nourrit en effet une fois par jour. Toutefois, il convient de prêter un peu d'attention à sa façon de manger : si le chien devait consommer ses repas de façon trop vorace, ce comportement pourrait provoquer une torsion de l'esto-

LA PROPRETÉ INSTINCTIVE DU SHAR-PEI

L'une des qualités du Shar-pei est sa propreté instinctive. Il est assez fréquent de voir un chiot de Shar-pei qui n'a même pas ouvert les yeux se diriger en chancelant dans un coin de la caisse couverte de feuilles de papier journal afin d'uriner et ensuite revenir vers sa mère.
Quand les chiots ont trois semaines, si les conditions météorologiques le permettent, on peut les faire sortir et les poser sur l'herbe. Après quelques secondes, ils commenceront à faire leurs besoins. Ensuite, dès qu'ils auront découvert comment sortir, ils sauront se faire comprendre chaque fois qu'il sera nécessaire.
Tout cela est le résultat de son instinct ; par conséquent, quand le Shar-pei arrivera dans sa nouvelle maison, il gardera ses habitudes et évitera d'ennuyer le propriétaire.

mac, assez commune chez le Sharpei. Dans ce cas, il est préférable de lui distribuer plusieurs petits repas, opération plus contraignante, certes, mais qui évite des surprises désagréables.
Une mauvaise habitude que le chien, dès son jeune âge, ne doit pas prendre est d'assister à vos repas. Il est assez fréquent qu'il appuie la tête sur vos genoux pour solliciter, avec quelques coups de la tête ou de patte, un petit morceau ou un bout de pain qu'il va trouver plus appétissant que son repas.
Si votre chien devait prendre cette mauvaise habitude, il est nécessaire de l'obliger à la perdre, car cela risquerait de compromettre son repas et le vôtre.
Il suffit de suivre quelques règles de base afin de ne pas se laisser « corrompre » par ses requêtes. Vous aurez ainsi un compagnon discret qui ne vous posera aucun problème et vous donnera au contraire beaucoup de satisfactions.

A-Capella Rythm' n' Blues. Sur la photo, son poil semble être souple, mais le sujet n'a que neuf mois ; donc, son poil changera

L'éducation

La portée

Plus de deux mois se sont écoulés depuis l'accouplement de nos Shar-pei, les préoccupations, les inquiétudes, les craintes pour la santé de notre femelle n'ont plus lieu d'être, la gestation à été menée à terme sans de gros traumatismes, la mise bas s'est déroulée sans avoir recours à une intervention extérieure et maintenant nous nous trouvons face à une très belle portée. Les Shar-pei ne sont généralement pas très prolifiques, ils sont loin d'avoir dix ou onze chiots comme les femelles des autres races, et une portée de cinq chiots peut déjà être considérée comme exceptionnelle.

Observons les chiots qui dorment après avoir ingurgité une bonne dose de lait des mamelles de leur mère. La première surprise provient de la couleur de la robe des chiots : quelle que soit celle de leurs parents, certains chiots présentent une couleur assez différente. Il y aura des chiots couleur sable, la couleur typique des Shar-pei, un complètement noir, un blanc et un couleur chocolat. La diversité des couleurs ne doit pas nous étonner. Il est normal que la couleur de robe des petits ne dépende pas uniquement de celle des parents mais également de celle des aïeux, qui se transmet de génération en génération et peut apparaître chez certains chiots d'une portée.

Toutefois, la couleur visible dans les jours qui suivent immédiatement la naissance n'est pas définitive mais change nettement. Ce n'est que vers deux ou trois mois

que nous pourrons établir avec certitude la couleur du chien quand il sera adulte.
Nous avons déjà dit qu'il peut y avoir des Shar-pei aux lèvres charnues et aux joues rebondies et des Shar-pei avec des lèvres fines et le museau pointu. À la naissance, ils sembleront tous pareils, avec un museau court et plat, et seul un éleveur expert sera en mesure de prédire comment ils deviendront à l'âge adulte.
Le léger grognement qui accompagne la respiration est un bruit très caractéristique du Shar-pei qui disparaîtra vers six mois, alors que l'habitude de ronfler restera pendant toute sa vie. Il est commun de voir les chiots de Shar-pei dormir la tête soulevée, appuyée sur le dos de la mère ou des autres frères, car cela facilite la respiration ; cette habitude a tendance à disparaître au fur et à mesure que le chien grandit.
La dimension de la queue est proportionnée à celle du corps, à la naissance comme à l'âge adulte, mais elle n'est pas en anneau ou élevée au-dessus du dos. Cela se produira quand le chiot sera en

Yacanto Garsak Sir Bertie, meilleur de la race au Crufts anglais 1992. Éleveurs : Gary Hooker et John Lockey. Propriétaires : Tony et Lyn Howard

LES JOUES

Le Shar-pei n'est pas uniquement célèbre pour ses rides, mais également pour sa tête d'hippopotame. Il a des joues charnues et gonflées. Il peut arriver qu'une joue ou les deux « se dégonflent ». Cela doit immédiatement alerter le propriétaire, car c'est un symptôme clair que le chien ne va pas bien. Dans ce cas, il est conseillé de l'amener chez le vétérinaire pour effectuer une visite de contrôle. Il y aura certainement quelque pathologie, généralement une infection en cours.

LA RESPIRATION

La peau en excès, la cloison nasale gonflée et charnue peuvent provoquer des difficultés de respiration chez le chiot de Shar-pei. Pendant le repos, le chiot aura tendance à garder la tête soulevée, l'appuyant sur les accoudoirs du fauteuil, sur le bord de la niche, sur le dos d'un de ses frères, et il commencera à ronfler. Au fil des mois, quand notre petit Shar-pei devient un grand chiot, la respiration devient régulière mais il ne perdra pas l'habitude de ronfler, qu'il gardera durant toute sa vie.

mesure de coordonner les muscles qui soutiennent la queue ; elle se présentera donc serrée en anneau seulement après plusieurs mois.

Déjà à partir des premières semaines, il est possible de prédire l'évolution du caractère du Shar-pei. Au sein de la portée, le chiot plus agressif et dominant s'approprie la mamelle la plus grosse en éloignant ses frères plus faibles. Cela ne signifie pas qu'à l'âge adulte il sera agressif, mais seulement qu'il sera sûr de lui, moins craintif, et, s'il se trouve en compagnie d'autres congénères, il aura un rôle de chef.

Après avoir satisfait leur appétit, les chiots dorment une bonne partie de la journée. Il est rare de les entendre geindre ; si c'est le cas, cela est dû à la faim ou au froid ; dans ce dernier cas, vous pouvez installer une lampe à infrarouges suffisamment éloignée afin de ne pas provoquer de brûlures, et de cette façon ils dormiront calmement.

S'ils continuent de se plaindre, cela peut être dû à une mauvaise digestion. Quelques gouttes de camomille et une bouillotte remplie d'eau chaude feront l'affaire. Il va sans dire que si cela n'était pas suffisant il faudrait avoir recours à un vétérinaire.

Beau grand chiot qui doit encore se développer. Yoshia Kat-Lip-So Kollapso. Éleveur et propriétaire : Judy Cooper

LA PERTE DE POILS PENDANT L'ALLAITEMENT

Un phénomène très courant chez les femelles de Shar-pei est la perte importante de poils pendant l'allaitement.
Durant les jours qui suivent la mise bas, pendant l'allaitement, des petites zones sans poils commencent à apparaître sur le dos de l'animal. Peu à peu, celles-ci s'étendent sur une bonne partie du corps. Ce phénomène est assez courant et n'entraîne aucune complication.
Vers la fin de la période d'allaitement, le poil commence à repousser et la femelle retrouve peu à peu son aspect antérieur.

Ch. Brush Creek Great Pumpkin. Propriétaire et photo : élevage A-Capella

À quinze jours environ, les petits de Shar-pei commencent à ouvrir les yeux et à découvrir le monde qui les entoure. Là encore, quelques jours plus tard, on peut constater que les yeux clairs et limpides du chiot sont à nouveau fermés. Dans ce cas, il convient d'avoir recours à un vétérinaire qui pratiquera quelques points de suture sous anesthésie locale pour unir deux plis de la partie inférieure et supérieure de chaque œil en les obligeant ainsi à rester ouverts. Dans la plupart des cas, cette opération est suffisante pour éviter un entropion, mais, en cas contraire, il faut prévoir une petite intervention chirurgicale de lifting vers les six mois pour enlever les plis autour des yeux.

Les plis de la robe commencent à apparaître timidement quinze jours après la naissance. Nous ne devons pas nous laisser influencer dès cette première apparition : certains

chiots auront beaucoup de rides, d'autres sembleront lisses, mais cela n'a aucune importance – les rides se développent en quantité et en qualité de façons différentes et irrégulières. Elles peuvent apparaître et disparaître en l'espace de quelques semaines, et c'est seulement quand le chien atteint six mois qu'il sera possible d'établir avec certitude son aspect à l'âge adulte.
Les chiots commencent à faire leurs premiers pas et à vouloir sortir de la caisse qui les a hébergés pendant les deux premières semaines de leur vie.
Les Shar-pei sont des chiens très propres qui refusent de salir l'endroit où ils dorment ; ils auront donc de plus en plus envie de sortir pour découvrir les environs et satisfaire leurs besoins physiologiques.
Si vous ne disposez pas d'un jardin, il convient de mettre du papier

Ch. it., int., jeune promesse Khambaliq Mafalda. Élevage Khambaliq. Propriétaires et photo : P. et R. Rossari

journal à côté de leur caisse, cela les habitue à salir seulement à cet endroit et rend les opérations de nettoyage plus faciles.
Jusqu'à vingt jours, les chiots ne vous poseront aucun problème du point de vue de l'alimentation, notamment si la portée n'est pas nombreuse et si la mère a suffisamment de lait. Mais quand leur demande en nourriture devient pressante et que les premières dents commencent à pousser, ce qui provoque une douleur à la mère au cours de l'allaitement, il est opportun d'intervenir dans leur alimentation.
À ce moment-là vous devez considérer les chiots de Shar-pei comme des nouveau-nés. Il faut vous procurer des petits pots de viande homogénéisée, des potages, de la semoule et les nourrir tant qu'ils n'auront pas appris à le faire tout seuls.
Jusqu'à leur quarantième jour, les

Ch. it., jeune promesse Carolina dite Tata. Éleveurs, propriétaires et photo : P. et R. Rossari

chiots n'ont besoin d'aucun traitement sanitaire : les anticorps qui se trouvent dans le lait maternel sont suffisants à les immuniser contre des maladies graves telles que la maladie de Carré et la parvovirose.

Après cette période, il vous incombe de les faire vacciner, de les vermifuger et de les faire tatouer.

Ces considérations sur la portée nous conduisent au soixantième jour de la vie des chiots, époque où ils commencent à courir, à jouer entre eux et à avoir leurs premiers « vices ».

C'est le moment où il faut commencer, à contrecœur, à chercher les futurs propriétaires, sauf si l'on peut tous les garder.

C'est l'âge idéal pour que le chiot, désormais bien développé, puisse s'adapter à un nouvel environnement et à une famille nouvelle.

Chiots de l'élevage A-Capella, enfants de Ziggy (États-Unis)

LA MÉMOIRE

Le Shar-pei ne s'adapte pas facilement au changement de la famille qui le soigne et l'accueille. Il convient donc, si l'on doit donner un chiot, que cela se fasse dans les deux ou trois premiers mois de sa vie. Si cette transaction doit avoir lieu plus tard, vous pouvez être sûr qu'il se souviendra toujours de celui qui l'a sevré et élevé, et même des années après il le reconnaîtra et lui fera fête chaque fois qu'il aura l'occasion de le croiser.

Chiots de huit semaines de l'élevage A-Capella ; de gauche à droite : Creamy Caesar, Mr. Goodbar et Swiss Miss

Les soins

Le fait d'élever un Shar-pei ne se limite pas à lui distribuer tous les jours les repas, à le promener trois ou quatre fois, à jouer de temps en temps avec lui et céder à ses petits caprices. Cela signifie également s'occuper de son hygiène et prendre soin de lui.

Au moment de l'achat, le Shar-pei est certainement vacciné contre les maladies les plus graves comme la maladie de Carré et la parvovirose ; il faut toutefois considérer que les effets de ces vaccinations ne durent pas éternellement ; il convient donc, en accord avec votre vétérinaire, de prévoir un programme de rappels afin de rendre votre chien définitivement immunisé contre ces maladies, du moins c'est ce que l'on espère.

À l'âge de six mois, il faut prévoir une vaccination contre la rage ; si le chien doit vivre en liberté dans un jardin, il convient de prévoir également une vaccination contre la leptospirose. Il va sans dire que ces vaccinations sont également soumises à des rappels.

Le Shar-pei est un chien assez massif et lourd, par conséquent, un examen du sang pourrait être utile afin de prévenir d'éventuelles carences en calcium qui entraîneraient des malformations osseuses pendant la croissance.

Chiot couleur chocolat de l'élevage A-Capella (États-Unis) dans les bras de la propriétaire, Madeleine Tinger (photo Harkins)

Il convient également d'effectuer un examen périodique des selles afin de détecter des parasites intestinaux.

Le poil ras ou même relativement long du Shar-pei ne nécessite pas de soins particuliers et reste facilement propre ; toutefois, il ne faut pas oublier que la robe est rugueuse au niveau de la tête, du garrot et de la queue, ce qui représente un habitat idéal

Jordansville Classichasi for Peandokry, brush coat *élevé en Angleterre. Éleveur : Marlene Jordan. Propriétaire : A. Rachel*

pour toutes sortes de parasites comme les tiques et les puces. Par conséquent, à chaque fois que vous baignez le chien (ce qui doit être relativement peu fréquent), il convient de passer une éponge avec un produit antiparasitaire et de nettoyer l'intérieur des oreilles, ce qui ne peut lui faire que du bien.

Pour terminer, il faut le brosser énergiquement afin de le libérer du sous-poil pendant la mue ; cela vous évitera également de trouver des touffes de poils partout dans la maison.

Lorsqu'on achète un Shar-pei, on se laisse subjuguer par cette petite boule de poils frétillante et joueuse, et même si on a conscience des problèmes liés au chiot et à son éducation, cela ne suffit pas. Il faut également évaluer ses besoins à l'âge adulte et

De belles rides suffisantes sur le dos. A-Capella Andy Cap. Éleveur : Madeleine Tingen. Propriétaire et photo : Pizzamiglio

les problèmes liés à la vieillesse. En effet, le chien a une durée de vie beaucoup plus courte que la nôtre et après la première année il est pratiquement développé même s'il continue à grandir et à forcir légèrement jusqu'à sa deuxième année. Il pourra alors être définitivement considéré comme un chien adulte.

Un chien adulte, sain et bien dressé, est facile à gérer : il suffit d'avoir présents à l'esprit ses besoins, de respecter son espace et ses habitudes : nous tenons à rappeler qu'il apprend immédiatement les « vices » et les mauvaises habitudes et qu'ensuite il est difficile de l'en faire changer.

Il convient en outre de penser qu'il peut être malade et dans ce cas il faudra lui prodiguer les soins et les traitements nécessaires, et ne pas se contenter de lui donner des médicaments en se

Chez le petit, le brush coat *se remarque moins. Ch. d'Afrique du Sud Khambaliq Donnarine. Éleveur : Pizzamiglio. Propriétaire : L. Zetler*

fondant sur un malaise précédent ou sur la maladie du chien du voisin.

Au fil des années, les risques de maladies augmentent et arrivent les premiers malaises. Le chien âgé n'est plus joyeux, vivace et toujours prêt à jouer et à sortir, il devient de plus en plus paresseux et dormeur ; les Shar-pei sont déjà paresseux de nature et il n'est pas rare qu'ils se plaignent pour peu de chose.

Il ne faut cependant pas oublier que notre ami a vécu avec nous pendant de nombreuses années et qu'il a été pendant tout ce temps un compagnon fidèle : nous devons comprendre ces moments désagréables de sa vie, sans l'abandonner comme un être devenu désormais inutile, lui donner du courage et lui faire comprendre qu'il reste malgré tout notre plus cher ami.

Enfin, si le besoin se faisait sentir de mettre un terme à des souffrances inutiles, il convient de faire face avec lui à cette épreuve de courage – c'est certainement à nous d'en avoir une bonne dose – sans le laisser seul. Une dernière caresse rendra plus facile le passage de la réalité au souvenir.

Les voyages

Il ne faut pas vous étonner si vous voyez votre Shar-pei en état de joyeuse agitation pendant que vous chargez la voiture pour un voyage plus ou moins long. La plupart des Shar-pei adorent monter en voiture et, dès qu'ils trouvent une portière ouverte, ils en profitent pour s'allonger confortablement sur la banquette arrière et il n'est pas facile de les faire descendre si vous ne voulez pas les emmener avec vous.

Cependant le Shar-pei préfère voyager sur le siège avant, même si cela n'est pas très recommandé car dangereux en cas de freinage brusque. Il observe attentivement le parcours et en cas d'arrêt se tourne vers le conducteur comme pour en demander la raison.

Quand vous le laissez enfermé dans la voiture, laissez les vitres entrouvertes pour permettre un échange d'air, et essayez de vous garer à l'ombre mais la position du soleil pouvant varier rapidement, vous risquez de trouver la voiture en plein soleil à votre retour.

S'il s'agit d'un trajet plutôt long, faites un arrêt de temps en temps et laissez descendre votre chien, en le tenant en laisse afin d'éviter les dangers pour lui et pour les voitures ; il pourra ainsi se dégourdir et se désaltérer.

Si vous voulez l'emmener dans un pays étranger, n'oubliez pas que parmi nombre d'entre eux, notamment dans les pays du Nord, il faut garder le chien en quarantaine. Si vous n'y avez pas pensé à l'avance, vous risquez de voir votre chien enfermé dans une cage pendant une longue période ou de devoir renoncer au voyage.

Si dans votre itinéraire est prévue une excursion à la montagne, évitez de laisser votre chien libre à proximité des bois : l'instinct de chasse, sollicité par les odeurs des animaux sauvages, risque de déchaîner complètement votre Shar-pei. Vous risquez de passer des heures avant de le convaincre de remonter en voiture.

Le Shar-pei aime également courir au bord de la mer et, naturellement, s'il n'y a pas trop de monde, il peut courir pendant des kilomètres, la tête en l'air, derrière une mouette ou d'autres oiseaux marins, en vous obligeant à faire

de même avant de le rattraper. Pendant les vacances, essayez dans la mesure du possible de l'emmener avec vous : beaucoup d'hôtels et de campings acceptent sans problèmes les animaux domestiques à condition que l'on respecte les règles fondamentales d'éducation et de propreté.
Si vous ne pouvez pas l'emmener avec vous, faites en sorte qu'il reste dans son environnement avec une personne connue qui puisse s'occuper de lui ; si vous le laissez dans un endroit qu'il ne connaît pas il se sentira abandonné et, vous pouvez en être sûr, à votre retour, vous ne le reconnaîtrez plus et il vous faudra du temps pour retrouver le Shar-pei auquel vous étiez habitué.

Un masque noir exceptionnel : Khambaliq Against the Wind. Propriétaire : M. Petit

LE VOL

La beauté du Shar-pei, la rareté et la demande de la race en font souvent l'objet de vols. Le Shar-pei est méfiant de nature, et il est rare qu'il se laisse approcher par des personnes qu'il ne connaît pas. Néanmoins, parfois, il peut se laisser convaincre par une bouchée alléchante, une caresse ou la connaissance superficielle de quelqu'un qui veut se l'approprier. La perte d'un compagnon fidèle, sans parler de l'aspect économique, inflige une douleur légitime chez le propriétaire, surtout s'il continue de se torturer en se demandant où est passé son ami à quatre pattes. En réalité il est plus facile d'accepter la mort que le vol.
Quelques ruses peuvent être utiles afin d'éviter cette mauvaise surprise. S'il n'est pas possible de l'emmener avec nous quand nous devons nous absenter, il vaut mieux le laisser à l'intérieur de la maison, car la protection du jardin est trop facile à surmonter.
Ne le laissez pas courir libre dans un parc si vous ne pouvez pas l'avoir toujours à l'œil. Notez chez vous les sigles du tatouage qui peuvent être utiles pour une identification éventuelle, surtout si le Shar-pei volé était encore un chiot.

Le dressage

Certaines races, pendant les expositions, doivent endurer des épreuves de travail et d'habileté. Généralement, pendant ces compétitions, les chiens doivent faire preuve de rapidité et d'habileté dans l'exécution des ordres et doivent montrer une obéissance absolue, une agilité dans des parcours accidentés, de l'agressivité et de la décision dans l'attaque et la relâche immédiate de la proie sur ordre.
Chaque épreuve rapporte des points qui seront additionnés pour le titre de champion national.
Le Shar-pei, heureusement pour lui, ne fait pas partie des races qui doivent se soumettre à ce type de compétition, cependant, grâce à son intelligence vive, il serait apte à apprendre très facilement et rapidement après un cycle d'entraînement. Il ne serait toutefois pas facile de l'habituer à franchir certains obstacles à cause de sa paresse naturelle et de sa corpulence.
Il serait possible d'apprendre

Ch. it. Kin-Ho. Propriétaire : élevage del Settimo Sigillo

tout cela à notre Shar-pei : il deviendrait un chien docile et obéissant, mais cela modifierait sa vraie nature, il deviendrait une espèce de robot parfait, et cela au détriment de son caractère et de sa personnalité.
Le Shar-pei est un chien digne et équilibré avec des instincts bien ancrés dans la race. Il est extrêmement jaloux de sa maison, de sa famille et de tout ce qui lui appartient ; il nourrit pour son maître une affection qui frôle l'amour morbide, c'est pourquoi l'instinct de défense en fait un très bon chien de garde. Pour un étranger, il serait bien difficile de franchir le pas de votre porte durant votre absence, son regard menaçant, son grognement et son aboiement redoutables sont dissuasifs pour toute personne malintentionnée.
Le Shar-pei, à une époque lointaine, était habitué à chercher sa nourriture dans les campagnes et les bois chinois, il possède donc l'instinct de la chasse. Si son maître est passionné de chasse, il pourra l'emmener avec lui, et il apprendra très rapidement, sans dressage spécifique, à débusquer le gibier, la technique de l'arrêt, puis à le rapporter. Il sera à la hauteur des meilleurs chiens de chasse.
Mais le Shar-pei n'est pas un chien de garde ni un chien de chasse, c'est un ami fidèle qui aime notre compagnie et qui sera heureux de jouer avec nos enfants.
De toutes ces considérations, nous pouvons déduire qu'un dressage, dans le sens où on l'entend dans les écoles spécifiques, pourrait se révéler superflu, voire nuisible.
Cela ne signifie pas que nous devons laisser se développer les instincts naturels du chien sans le corriger ni lui donner une éducation, mais il convient d'avoir un Shar-pei éduqué plutôt qu'un Shar-pei dressé.

Nous devons lui apprendre tout d'abord à ne pas salir la maison, à ne pas prendre la mauvaise habitude de lever la patte sur les meubles, les fauteuils ou les rideaux, afin de marquer son territoire.

Nous devons lui apprendre à respecter nos voisins, nos amis, à chaque fois qu'ils viennent nous rendre visite, sans qu'ils craignent d'être agressés. Lorsqu'on l'emmène se promener à la laisse,

Ch. d'Afrique du Sud Khambaliq Donnarine. Propriétaire et photo : L. Zetler

Jordansville Baby Boxcar for Peandokry, meilleur de la race au Crufts anglais 1993. Éleveur : Marlene Jordan. Propriétaire : A. Rachel

il doit apprendre à marcher à nos côtés sans tirer, sans se lancer contre d'autres chiens qu'il peut rencontrer sur son chemin.
En voiture, nous devons lui apprendre à ne pas se jeter contre les vitres en aboyant contre les promeneurs ou les gens qui passent à proximité. Avec ces petites ruses et quelques règles d'éducation, nous pourrons éviter beaucoup de petits problèmes de cohabitation et nous pourrons profiter pleinement de notre ami le Shar-pei.

L'alimentation

par le professeur L. Guidobono Cavalchini
et le docteur C. Cristofalo

Comme tous les animaux, le chien a besoin d'un apport nutritionnel constant et d'une alimentation adaptée à ses besoins.

La mastication du chien est très limitée et, de plus, il avale très rapidement. La nourriture reste dans l'estomac pendant longtemps (trois à douze heures) et est transformée en bouillie (le bol alimentaire) avant de passer dans les intestins où a lieu l'assimilation. Les substances nutritionnelles sont transportées à travers le sang à tous les tissus qui doivent être nourris. À cause de ses caractéristiques spéciales, l'appareil digestif du chien permet l'ingestion de repas abondants à intervalles prolongés car l'estomac se vide très lentement. Les aliments en morceaux sont à préférer à la nourriture émiettée. Les chiens sont des carnivores, mais la cohabitation avec l'homme a déclenché un processus d'adaptation et les a amenés à consommer de la nourriture qui n'est pas d'origine animale ; toutefois, ils ont besoin d'un régime concentré, avec une bonne valeur nutritionnelle, variable cependant suivant les races, l'âge de l'animal et son état physique (entretien, croissance, reproduction, allaitement) et suivant le climat.

Afin d'obtenir de bons résultats, nous devons nourrir nos chiens de façon à leur apporter des principes nutritionnels appropriés : protéines, hydrates de carbone, matières grasses, vitamines et sels minéraux. Le régime doit être bien équilibré, les différentes substances doivent être présentes en juste proportion, et il n'est pas bon de les distribuer en excès ou insuffisamment. Une alimentation optimale est indispensable afin de garder le chien en bonne condition de santé – il doit avoir un beau poil et ne doit être ni maigre ni gros ; cet aspect est encore plus important pendant la croissance du chiot, phase qui demande une attention et des soins particuliers. Afin de bien alimenter nos chiens, il est nécessaire de connaître l'apport des différentes substances nutritionnelles et leurs sources.

FRÉQUENCE JOURNALIÈRE DES REPAS

Mois	*1-3*	*4-7*	*8-18*	*18*
Repas	*4*	*3*	*2*	*1*

Les femelles auront deux ou trois repas pendant le deuxième mois de gestation et pendant l'allaitement.

Ch. lux. et it. Khambaliq Bella. Propr. : élevage del Settimo Sigillo

LE CHIEN TROP GRAS

- *Observez les dépôts de graisse sur le garrot, la croupe et les côtes.*
- *Pesez-le régulièrement et noter son poids.*
- *Abolissez sévèrement tout « goûter » ou restes de cuisine.*
- *Résistez au regard suppliant.*
- *Alimentez-le avec un régime hypoénergétique mais équilibré en protéines, vitamines et minéraux.*
- *Donnez-lui des repas assez liquides et avec une bonne quantité de fibres.*
- *Laissez-lui un os à ronger.*
- *Assurez-vous que ce n'est pas d'origine pathologique (mauvais fonctionnement hormonal).*
- *Faites-lui faire de l'exercice.*

Good Year del Settimo Sigillo. Éleveur, propriétaire et photo : élevage del Settimo Sigillo

Oliver del Settimo Sigillo. Éleveur : del Settimo Sigillo. Propriétaire et photo : Mancini

L'énergie

Le corps a toujours besoin d'énergie, même pendant les moments de repos. Les principes nutritionnels sont transportés dans les cellules de l'organisme où, grâce à l'oxygène, ils sont transformés en énergie. Pendant ce processus de transformation se produit également la chaleur qui permet au chien de maintenir sa température corporelle. Plus l'activité d'un animal est élevée, plus la quantité d'aliments à transformer en énergie doit être abondante. Les chiots ont des exigences presque triples par rapport au chien adulte. La valeur nutritionnelle d'un aliment est généralement exprimée en énergie métabolisable (EM) ou bien en kilocalories (kcal), ou encore en kilojoules (kJ).

Les matières grasses fournissent un apport énergétique presque double par rapport aux sucres et aux protéines.

L'énergie en excès est généralement stockée dans l'organisme sous forme de dépôt de graisse. Il convient donc de peser les chiens régulièrement et de noter leur poids afin de contrôler s'ils grossissent.

Les principes nutritionnels

Les hydrates de carbone ou glucides : ils constituent la source nutritionnelle nécessaire au travail musculaire et à d'autres activités corporelles ; parmi eux, certains ont une structure simple (fructose, lactose, etc.), alors que d'autres, comme l'amidon, ont une structure plus complexe. Chez le chiot et chez l'adulte, une dose excessive de saccharose peut ne pas être tolérée à cause de la rareté dans l'intestin du chien de l'enzyme spécifique (saccharase) ; de même, le chien adulte peut mal digérer le lait à cause de sa carence en lactase.

Parmi les aliments pour le chien, l'amidon est le glucide le plus impor-

Le brun est un « dilué ». Khambaliq Shangai. Éleveur : Pizzamiglio. Propriétaire : Bossi (photo Pizzamiglio)

tant. Il est présent en abondance dans des céréales comme le froment (pain), le maïs (polenta, flocons, etc.), le riz, etc. Afin d'être digéré par le chien, l'amidon doit être bien cuit ou doit subir d'autres traitements physiques.

La cellulose, l'hémicellulose et les fibres en général, dont les légumes sont très riches, ne sont pas digérées par le chien, par conséquent, leur valeur nutritionnelle est nulle. Pour cette raison, la présence de fibres dans le régime des chiens âgés ou des chiens sédentaires peut permettre de surveiller la prise de poids et faciliter le transit intestinal.

Les graisses ou lipides : ils sont essentiels pour l'organisme, car ils sont l'élément constitutif des cellules. Ils sont une source d'énergie et de chaleur pour le corps. La graisse présente dans le corps en dépôt de graisse (sous-cutanée, périviscérale et intramusculaire) a une fonction de réserve d'énergie où l'organisme

Un sujet crème avec une belle pigmentation. Khambaliq Yequila Sun Rise. Éleveur : Pizzamiglio. Propriétaire : Montes (photo Andreotti)

peut puiser en cas d'apport alimentaire insuffisant, elle a en outre une fonction d'isolation thermique. Certaines substances lipidiques jouent un rôle important en leur qualité de constituants cellulaires (phospholipides, glycolipides) et de biorégulateurs (cholestérol, hormones, vitamines liposolubles, acides biliaires). Leur présence dans le régime alimentaire du chien est indispensable.

Les protéines : il s'agit des aliments plastiques qui interviennent dans la construction de l'organisme et la formation des cellules nouvelles. Elles ont une fonction primordiale dans la formation, le maintien et la réparation des muscles, des os et des organes internes. Le besoin en protéines est très élevé chez le chiot et pendant la croissance.
Les protéines peuvent être d'origine animale, comme celles présentes

Dans l'attente de l'exposition mondiale de Bruxelles 1995. Multi Ch. Stoney Dynamic De Luxe et Ch. it. Ciancjsgru Fanny (photo Signorini)

Un sujet brun très clair qui, adulte, deviendra beaucoup plus foncé. Khambaliq Natalie. Éleveur et propriétaire : Pizzamiglio

dans la viande, le lait, le poisson, les œufs ; ou d'origine végétale comme celles présentes dans le soja, les petits pois, les haricots, etc.
La valeur biologique des protéines et leur utilisation dépendent du rapport entre les différents *acides aminés*. Puisque le stockage des acides aminés n'est pas possible, ils doivent être fournis quotidiennement.
Les sels minéraux : selon la quantité présente dans l'organisme, ils se divisent en *macro-éléments* (calcium, phosphore, soufre, sodium, chlore, potassium, magnésium) et *oligo-éléments* (fer, cuivre, zinc, manganèse, iode, sélénium, cobalt, molybdène).
Ils sont les composants essentiels des tissus de l'organisme et ont à la fois une fonction plastique et une fonction biorégulatrice car ils participent à de nombreux processus biochimiques et jouent un rôle essentiel comme le maintien de la pression osmotique et l'équilibre acido-basi-

que des liquides corporels, la concentration musculaire, la transmission nerveuse, la constitution de certaines enzymes et hormones. Ils participent à la formation du squelette et sont très importants pour l'animal en croissance. Ils sont présents dans la farine osseuse, le lait, le fromage, le poisson, la viande et nombre de légumes. Il est indispensable d'intégrer dans l'alimentation du chien des sels minéraux supplémentaires et il est important de maintenir un équilibre entre le calcium et le phosphore, le fer et le cuivre, etc.

Les vitamines : on distingue parmi elles les *liposolubles* (A, D, E, K) et les *hydrosolubles* (B_1, B_2, acide pantothénique, acide nicotinique, B_6, acide folique, H, B_{12}, choline, C) ; elles interviennent dans de nombreux processus organiques essentiels. Le manque d'une ou de plusieurs vitamines peut entraîner des déséquilibres et des dysfonctionnements graves. De même, des vitamines en excès peuvent être nuisibles et provoquer de graves problèmes. Elles sont généralement produites par des organismes végétaux et se trouvent dans le foie, les œufs, les pousses de céréales, la levure, les huiles végétales et animales. Elles peuvent facilement s'abîmer à la lumière et à la chaleur, par conséquent elles doivent être ajoutées à la nourriture tiède et non bouillante. Il convient en outre de considérer que les aliments déjà prêts contiennent des vitamines (mentionnées sur l'étiquette) : un excès pourrait se révéler nuisible.

Ch. it. Magic White del Settimo Sigillo. Éleveur, propriétaire et photo : élevage del Settimo Sigillo

Les aliments

La viande : elle peut être de bœuf, de poulet, etc. Elle peut être distribuée crue ou saisie suivant la qualité. La viande de porc doit toujours être cuite. Son contenu protéique et énergétique varie en fonction de la quantité d'os et de graisse présente. La digestibilité et la valeur biologique sont d'autant plus élevées que la présence de muscle est prépondérante et dimi-

À PROPOS DE LA VIANDE

Elle est plus digeste quand elle est crue, mais si elle n'est pas de bonne qualité il est préférable de la faire bouillir. Dans ce cas, il ne faut pas la cuire longtemps. La viande de porc doit être cuite afin d'éviter le danger d'infections (maladie d'Aujesky) et d'infestations (trichinoses).

nue si le pourcentage de tendons, de cartilage et de collagène en général est élevé. Les chiens peuvent digérer également la viande en état de décomposition grâce à la quantité élevée de sucs gastriques qu'ils sont en mesure de produire. Une alimentation contenant de la viande en excès peut provoquer des problèmes de peau, notamment si le Shar-pei est à poil ras (*hoarse coat*) et a donc une prédisposition accentuée à ces problèmes. Dans ce cas, il convient de faire des tentatives afin d'établir le régime optimal.

Des études ont prouvé que le Sharpei a besoin d'une quantité de zinc plus élevée que les autres races. Voilà pourquoi il convient de contrôler le pourcentage de zinc contenu

Ch. A-Capella Bojangles. Propriétaire et photo : élevage A-Capella

LES OS

Les chiens en sont fous, en particulier de ceux que l'on peut bien ronger, comme le fémur. Il convient toutefois de faire attention, car chez les sujets vieux ou sédentaires ils peuvent occasionner des problèmes de transit ou provoquer des occlusions intestinales. Les esquilles d'os peuvent perforer l'intestin. Sont à éviter tout particulièrement les os de poulet et de lapin.

LES SUCRERIES ET LE CHOCOLAT

Les chiens sont gourmands, et il est difficile de manger du chocolat en leur présence sans leur en faire goûter un petit morceau. Il ne faut cependant pas exagérer car parfois ces aliments sont mal digérés et peuvent avoir des inconvénients.
Il existe dans le commerce des biscuits de remplacement dont il ne faut pas, encore une fois, abuser.

dans certains aliments. S'il est insuffisant, on peut administrer des pilules à intégrer aux aliments, elles sont facilement repérables et éliminent les problèmes de peau.
Les abats : il s'agit de viscères tels le cœur, le foie, les tripes, la rate, etc. ; généralement ils sont très appréciés par les chiens, mais leur valeur nutritionnelle est inférieure à celle du muscle. Il s'agit d'aliments très bons pour le chiot et le chien en croissance. Il convient de les distribuer après cuisson rapide.
Le poisson : il est plus appétissant s'il est cuit. C'est une source idéale de protéines digestes et à valeur biologique élevée. Il est également riche en sels minéraux et vitamines. En distribuer aux chiens en croissance est vivement conseillé. Il est possible de donner des poissons séchés, notamment en hiver.

Un beau sujet chocolat : Ch. A-Capella Ms. Field's of G.G. Propriétaire : A. Giffen (photo Harkins)

MENDIER À TABLE

Il s'agit d'une mauvaise habitude due au bon cœur du maître qui lui offre quelques petits morceaux.
Ne donnez jamais à manger au chien quand vous êtes à table ou pendant la préparation des repas. Faites-le manger avant vous et, si nécessaire, ne le laissez pas assister à vos repas.

Les œufs : c'est un bon aliment, riche en protéines et avec une valeur biologique élevée, riche également en graisses et en vitamines. Les œufs sont particulièrement indiqués pour les chiots, les reproducteurs et la lactation. Ils peuvent remplacer partiellement la viande, le poisson et être donnés crus.

Le lait : il s'agit d'un bon aliment riche en protéines, en matières grasses et en vitamines avec une valeur biologique très élevée.

Le lait est l'un des aliments de base des chiots ; certains sujets adultes ne le digèrent pas à cause de leur manque de lactase (enzyme spécifique).

Le lard, les graisses et les huiles végétales : il s'agit de très bonnes sources de calories, très appétissantes pour les chiens, qui ont tendance à en manger plus que nécessaire. Ces aliments sont très utiles pour le chien qui travaille et se livre à des efforts physiques, et, dans tous les cas, une certaine quantité est toujours indispensable. Il convient d'ajouter aux repas un peu d'huile d'olive ou de graines.

Le riz et les pâtes : il s'agit des sources principales d'énergie car ils sont riches en amidon. Il faut bien les cuire pour qu'ils soient plus digestes.

Le pain rassis : c'est une bonne source énergétique. Il est bien apprécié par le chien. Le pain doit sécher à l'air et ne doit pas présenter de moisissures qui pourraient être nuisibles à l'animal.

Les flocons de céréales et le riz soufflé : il s'agit de bonnes sources énergétiques qui peuvent remplacer le pain, le riz et les pâtes. Ils doivent subir un traitement préalable afin de devenir digestes pour le chien. Il s'agit d'aliments volumineux, il convient donc de prendre en compte leur poids plutôt que leur volume.

Les légumes et les fruits : ils ont un apport nutritionnel limité, mais leur contenu en fibres peut être utile pour les chiens plutôt sédentaires qui ont tendance à avoir des problèmes d'obésité et de transit intestinal. Ils peuvent être remplacés par quelques cuillerées de son.

L'eau : votre chien ne doit jamais en manquer.

LA RATION ALIMENTAIRE

Nous donnons ci-dessous quelques exemples de rations. Les doses doivent varier selon l'activité du chien, qui peut être « sportif » ou « de salon ». Les restes de cuisine ne doivent pas être l'antithèse des règles fondamentales de l'alimentation.

Viande fraîche de bœuf, poulet ou dinde ébouillantée
Pain sec ou biscotte
Un peu d'huile d'olive
Bouillon chaud
Vitamines et sels minéraux

Viande congelée
Riz ou pâtes bien cuits
Légumes mixtes
Un peu d'huile d'olive
Vitamines et sels minéraux

Viande congelée
Flocons de céréales mélangées ou riz soufflé
Une cuillère de son
Eau chaude

Aliment tout prêt complet en croquettes, granulés ou cubes (Administrez en suivant le mode d'emploi)

Aliment tout prêt en flocons à intégrer à de l'eau chaude, du bouillon ou du lait (Administrez selon les instructions de l'étiquette)

Un sujet brush coat *brun. Dans le* brush coat, *la tête est toujours imposante. Khambaliq Ping Pong. Éleveur : Pizzamiglio. Propriétaire : R. Parent (photo Pizzamiglio)*

ATTENTION AUX EXCÈS

Il existe dans le commerce différents produits conçus pour être appétissants pour les chiens ; il convient d'éviter, toutefois, les excès qui auraient des conséquences sur la santé du chien. Il ne faut pas donner trop de protéines, trop de graisses, trop de vitamines. Faites attention aux mélanges contenus dans les différents aliments, en particulier aux vitamines et aux sels minéraux. Apprenez à lire les étiquettes sur les boîtes.

Les aliments tout prêts

Il existe dans le commerce une gamme très étendue de produits. Il est toutefois important d'apprendre à en connaître les différents types afin de les utiliser au mieux. La lecture attentive de l'étiquette peut vous fournir des indications utiles.
On peut en trouver de trois sortes.
Les aliments simples : produits divers d'origine animale ou végétale (par exemple du riz soufflé).
Les aliments complets : mélange de plusieurs produits afin de satisfaire aux exigences nutritionnelles de votre chien sans ajouter d'autres aliments ou compléments.
Les aliments complémentaires : mélange contenant un taux élevé de certaines substances (par exemple protéines, sel minéraux, etc.), toutefois, ils doivent être associés à d'autres aliments afin de satisfaire les exigences nutritionnelles du chien. La qualité de la nourriture dépend des matières premières utilisées, de sa formulation, des traitements technologiques subis et de leur présentation (flocons, pâtée, bouchées, aliments soufflés, biscottes, etc.). Il faut être attentif à leur état de conservation. Sur l'étiquette apparaissent les dates d'emballage et de validité, les instructions sur l'utilisation et les composants, qui sont présentés par ordre de quantité décroissante ou avec le pourcentage indiqué. Les données analytiques doivent également être présentées.

Woody del Settimo Sigillo. Éleveur, propriétaire et photo : élevage del Settimo Sigillo

Elles nous renseignent sur les contenus de principes nutritionnels présents (eau, protéines brutes, graisses brutes, cellulose brute, cendres). Un autre élément indiqué est l'intégration de vitamines et de sels minéraux par kilo d'aliment.
Les aliments tout prêts permettent une formulation du régime en se fondant sur les besoins réels du chien avec un apport adapté en protéines et énergie, un complément en vitamines et en sels minéraux équilibré et non pas en excès ou en quantité insuffisante, comme c'est souvent le cas pour les préparations domestiques.
Le contenu analytique d'un bon aliment préparé doit répondre aux caractéristiques suivantes :
– humidité maximale : 13 % ;
– protides : 22-25 %
– lipides : 4-8 %.

L'alimentation du chiot

À partir du vingt-cinquième jour, il est possible de commencer à intégrer à l'alimentation maternelle quelques repas constitués de lait et d'un jaune d'œuf pour 100 millilitres de lait. Après le trentième jour commence le véritable sevrage à base d'aliments plus compacts. Un sevrage précoce épargne la mère et est très utile en cas de portée nombreuse. Les chiots sont séparés de leur mère pendant des périodes relativement longues et, entre le quarante-cinquième et le cinquantième jour, ils doivent être complètement sevrés et ne s'alimenter qu'artificiellement.
Au début du sevrage, on incorpore au lait de vache un peu de viande hachée ou mixée qui peut également être remplacée par les pots de viande pour enfants. Ensuite, on passe à une alimentation plus solide constituée de viande ou de poisson de bonne qualité ; du riz bien cuit et des flocons de céréales ; du lait ; un peu d'huile ; des vitamines et des sels minéraux.
Le lait, la viande et le poisson doivent avoir une proportion plus grande par rapport aux céréales ; ils doivent représenter 80 % à quarante jours et 60 % à soixante jours.
La quantité de céréales par rapport à la viande doit être augmentée progressivement. La viande peut être donnée crue si elle est de très bonne qualité, mais il est toujours conseillé de la saisir.
Un repas par jour doit consister en biscottes et en lait. Pendant la croissance, il est conseillé de donner un jaune d'œuf cru trois ou quatre fois par semaine et du fromage à la place de la viande. Le complément en vitamines et en sels minéraux doit comporter une ration adaptée en calcium et en phosphore.

La santé et l'hygiène

par le professeur L. Guidobono Cavalchini
et le docteur C. Cristofalo

Quand on achète ou quand on nous fait cadeau d'un chien, qu'il soit chiot ou adulte, notre premier instinct est de le dorloter pour lui prouver notre affection. Il convient toutefois de se rappeler que nous devons également prendre soin de son état de santé.

Les maladies et les dangers sanitaires en général sont très nombreux, et l'on risque de vouloir remplacer le vétérinaire en utilisant des traitements empiriques, hâtifs, et surtout erronés.

Il est conseillé d'avoir un vétérinaire de référence, tout comme chaque foyer a un médecin de famille.

Le vétérinaire peut suivre votre chien dans le temps en lui administrant les vaccinations nécessaires et peut intervenir en cas de maladie. Le rapport de confiance entre vous et le vétérinaire est fondamental afin d'effectuer des diagnostics toujours corrects et d'agir avec des thérapies adaptées.

En son absence, vous pourrez vous adresser à des organismes de premier secours qui sont en mesure d'intervenir même la nuit.

Aujourd'hui, outre les vétérinaires généralistes, on trouve également des vétérinaires spécialistes en clinique des animaux domestiques, reconnus officiellement. Parmi eux, on compte des spécialistes en cardiologie, en ophtalmologie, en traumatologie, en homéopathie, en oncologie et autres. Toutefois, votre vétérinaire sera en mesure de vous conseiller le spécialiste à consulter cas pas cas.

Cela étant dit, c'est vous qui passerez la plus grande partie de la journée avec votre nouvel ami à quatre pattes, il convient donc que vous l'observiez avec attention aux

LA SANTÉ DU CHIEN

Ce qu'il faut observer	***Comment il doit être***
comportement	attentif, vif, équilibré
appétit	vigoureux, présent
mouvements	coordonnés, fluides et agiles
sommeil	régulier, non excessif

SYMPTÔMES DE MALADIES GRAVES

- *Respiration et battements cardiaques ralentis, accélérés, dissonants ou faibles.*
- *Température corporelle basse (hypothermie), haute (fièvre).*
- *Traces de sang dans les selles.*
- *Traces de sang dans les urines.*
- *Vomissements hémorragiques.*
- *Saignements de nez.*

moments importants de la journée : repas, promenade, jeux et sommeil. Vous devez essayer de capter les petites variations du comportement et les variations en général qui peuvent vous faire soupçonner un malaise.

Le chien, sous de nombreux aspects, peut être considéré comme un nouveau-né qui n'a pas la possibilité d'exprimer ses sensations verbalement mais le fait à travers des comportements spécifiques et des vocalisations particulières. Analysons dans le tableau ci-dessous les symptômes particuliers auxquels il convient de prêter attention et pour lesquels, s'ils sont prolongés, il faut avoir recours

SYMPTÔMES GÉNÉRAUX DE MALAISE

- *Apathie.*
- *Vomissements et/ou diarrhée persistants.*
- *Abattement.*
- *Écoulement nasal et conjonctival.*
- *Refus de jouer.*
- *Soif et/ou faim injustifiées.*
- *Manque d'appétit (anorexie).*
- *Amaigrissement évident.*
- *Poil terne.*

DONNÉES PHYSIOLOGIQUES DE RÉFÉRENCE

Paramètre	***Chiot***	***Adulte***
température rectale	38-39 °C	37,5-38,5 °C
fréquence des respirations (par min)[1]	20-22	14-20
pulsations cardiaques (par min)	100-130	60-120

[1] Quand la température extérieure est élevée, la fréquence augmente.

au vétérinaire. En effet, s'il est vrai que c'est une erreur de penser que l'on peut reconnaître et traiter les maladies de son chien sans avoir recours au vétérinaire, il est tout aussi vrai qu'il convient de savoir à quel moment la situation demande son intervention rapide. Certains symptômes sont en effet les signes d'une pathologie très grave.
Certains paramètres physiologiques peuvent être utiles afin d'évaluer l'état de santé de votre chien qui, nous le rappelons, doit être observé

COMMENT MESURER...

... la température ?
Beaucoup de propriétaires suspectent une température élevée en observant la truffe. Si celle-ci n'est pas humide ou fraîche, ils pensent que le chien a de la fièvre. Ce n'est pas toujours vrai. De toute façon, il vaut mieux mesurer la température rectale en utilisant un thermomètre de vétérinaire ou de pédiatre, lubrifié d'huile ou de vaseline. Soulever la queue et introduire le thermomètre à 2-3 cm tout en tenant le chien. Attendre environ trois minutes.

... les pulsations cardiaques ?
On peut appuyer directement l'oreille sur la poitrine et percevoir les battements du cœur. On peut aussi relever les pulsations de l'artère fémorale en appliquant le pouce sur la face externe de la cuisse et l'index sur la face interne. Il faut comprimer légèrement l'artère contre le fémur et on peut ainsi percevoir le pouls.

... la fréquence des respirations ?
On observe la poitrine en calculant le nombre de respiration par minutes, en évaluant également le rythme et l'ampleur.

au repos. En effet, l'effort physique et le jeu peuvent accélérer la respiration et les pulsations cardiaques et augmenter la température sans que cela puisse être rattaché à une pathologie.

Les maladies du chien

Diverses maladies peuvent atteindre le chien, dont un bon nombre sont d'origine infectieuse.

EXEMPLES DE MALADIES ORGANIQUES

Maladie	*Organe touché*	*Maladie*	*Organe touché*
otites	oreille	cystite	vessie
stomatite	gueule	prostatite	prostate
bronchite	bronches	myosite	muscle
endométrite	utérus	névrite	nerfs
néphrite	reins		

PRINCIPALES MALADIES INFECTIEUSES

Maladie	*Étiologie*	*Transmission*	*Prophylaxie*
maladie de Carré et bactéries	pseudomyxovirus	directe et indirecte très contagieuse	vaccination
hépatite virale infectieuse	adénovirus	contact direct contagieuse	vaccination
herpès	herpès-virus	intra-utérine contact direct	vaccination
parvovirose	parvovirus très résistant	très contagieuse	vaccination
toux de chenil	adénovirus	très contagieuse	vaccination
rage	rhabdovirus	contamination par morsure	vaccination
leptospirose	leptospire (variée)	contamination orale	vaccination

Les maladies organiques

Il s'agit des maladies qui frappent entièrement ou en partie un organe spécifique ; leur étiologie et leur évolution varient selon chaque cas et elles ne sont pas toujours contagieuses. La réussite des traitements dépend de la gravité des symptômes.

Les maladies infectieuses

Elles sont d'origine virale ou bactérienne ; elles s'attaquent à différents organes, sont contagieuses et souvent mortelles ; leur guérison dépend de la gravité des symptômes et de la réponse immunitaire du chien ; il est possible de les prévenir par les vaccinations.

La maladie de Carré : cette maladie atteint le chien de tout âge ; elle a une période d'incubation variant de trois à sept jours. Le chien malade peut présenter des sécrétions purulentes des yeux et du nez, une conjonctivite avec photophobie, de la toux avec des complications pulmonaires allant jusqu'à la pneumonie, une gastro-entérite et une température très élevée (41 °C) pendant la première phase de la maladie. Elle provoque souvent des séquelles irréversibles du système nerveux (paralysie des membres postérieurs et tics nerveux). La maladie est généralement mortelle.

L'hépatite infectieuse virale : elle atteint les chiens de tout âge et a une incubation de trois à neuf jours ; température en hausse au début de la maladie ; conjonctivite séreuse et iridocyclite ; amygdalite ; apparition de petites hémorragies sur l'abdomen ; opacification de la cornée après une période de une à trois semaines.

L'herpès-virus : il atteint les nouveau-nés sous une forme presque toujours létale. Chez les chiots un peu plus grands, différents organes peuvent être atteints avec une manifestation de diarrhée, vomissements, trachéite et symptomatologie nerveuse ; chez l'adulte, le symptôme le plus fréquent est la laryngo-trachéo-bronchite accompagnée d'une rhinite ; une forme génitale peut se produire pour les deux sexes.

La parvovirose : gastro-entérite hémorragique, vomissements, déshydratation et perte de poids, dépression, hypothermie, leucopénie. Il existe une forme cardiaque qui est généralement létale chez les chiots.

La toux de chenil : laryngo-trachéo-bronchite avec une évolution bénigne accompagnée de toux ; elle se propage rapidement dans les chenils et dans les refuges comportant une concentration élevée de chiens.

La rage : elle se transmet à travers la morsure d'un animal infecté ; nombre d'animaux sauvages et domestiques en sont atteints ; elle s'attaque au système nerveux avec une paralysie progressive ; on retrouve des changements du comportement en proportions variables ; dans la forme muette, on retrouve une paralysie progressive de la mâchoire, des cordes vocales et d'autres muscles de la tête avec une salivation abondante et une aphonie, une incapacité de déglutir et de boire ; dans la forme furieuse on se trouve face à une agitation extrême suivie d'un état d'hyperexcitation avec salivation abondante et hurlements ; la mort survient par paralysie générale ; danger de contagion pour l'homme.

La leptospirose : elle atteint les chiens de tout âge et beaucoup d'autres espèces, y compris l'homme. Les souris et les rats sont les sources de contagion principales. Cette maladie présente des situations de gravité variable : il peut y avoir néphrite, conjonctivite, légère parésie des membres postérieurs, gastrite avec vomissements, déficit cardio-vasculaire, ictère, rarement pneumonie. L'évolution est souvent mortelle.

Les maladies parasitaires (parasitoses)

Les maladies parasitaires sont provoquées par des organismes unicellulaires, comme les coccidies, ou, plus complexes, comme les vers de l'intestin. Les parasites cohabitent avec le chien dans une condition d'équilibre dynamique qui peut amener, dans des cas d'infestation extrême, la mort de l'animal car ils endommagent les tissus ou le privent des substances nutritionnelles en l'affaiblissant et en le rendant ainsi plus sensible aux maladies infectieuses.

La contagion se fait généralement par les œufs ou les larves laissés par d'autres animaux infestés. Il faut donc examiner régulièrement son chien, pour son bien, mais aussi pour éviter tout risque de contamination.

SYMPTÔMES DES PRINCIPALES MALADIES PARASITAIRES

Parasites	***Symptômes***	***Thérapies***
cutanés	eczéma superficiel, eczéma profond, pellicules, poil terne, alopécie	gouttes, ablutions avec éponge, colliers
intestinaux	amaigrissement, diarrhées, flatulences, vomissements, poil terne	produits variés, en comprimés gouttes ou sirops
sanguins	insuffisances cardio-circulatoires, anémie grave	variées et complexes
auriculaires	otites cérumineuses avec complications	gouttes auriculaires

Certains parasites sont, en outre, dangereux pour l'homme, qui peut devenir l'hôte intermédiaire (par exemple le ténia échinocoque). Les thérapies, que nous avons indiquées de façon purement indicative, doivent être ciblées en fonction du parasite et de l'organe atteint.
Souvenez-vous de suivre attentivement les instructions du vétérinaire, car le traitement peut être nuisible également pour le chien. Les pathologies cutanées comme la gale sont fréquentes chez le Shar-pei. Celle-ci est due à un acarien qui s'installe sur la peau de l'animal en provoquant une forte démangeaison, une rougeur et une perte de poils. La gale est facile à soigner, mais il convient, avant de commencer un traitement, de faire faire un examen microscopique par le vétérinaire ; en effet, un champignon ou un eczéma peuvent également provoquer les mêmes symptômes que la gale. Elle est contagieuse.

Les mycoses
Il s'agit de pathologies provoquées par des champignons, des levures et des moisissures microscopiques ; elles se transmettent aux autres animaux et à l'homme, surtout aux enfants (teigne) ; l'hygiène du chien et du milieu réduit les risques de contagion ; dans la plupart des cas, elles peuvent être guéries ; elles se manifestent souvent par des zones alopéciques (perte de poils).

Les maladies congénitales
Il s'agit des maladies déjà présentes au moment de la naissance ; elles sont provoquées par des facteurs génétiques ou une malnutrition de la chienne ; divers organes sont atteints. Elles ne sont pas contagieuses ; elles peuvent être ou non compatibles avec la vie du chiot.

Les maladies héréditaires
Il s'agit de pathologies provoquées par des gènes particuliers présents chez les parents et hérités par les petits. Elles peuvent se manifester à la naissance ou après. Le chien pourra par la suite transmettre à ses portées les mêmes défauts. Les plus connues sont la dysplasie de la hanche, les maladies des yeux et l'hémophilie.
La dysplasie de la hanche : il s'agit d'une pathologie concernant l'articulation coxo-fémorale qui peut provoquer une *boiterie* des membres postérieurs de façon plus ou moins évidente. La cause est à rechercher dans une conformation altérée des articulations, ce qui entraîne une *subluxation*, avec usure et érosion du cartilage. Avec le temps, la dégénérescence entraîne des phénomènes d'*arthrose déformante*. Même si l'origine génétique a été détectée, le mécanisme de transmission n'est pas encore très clair. En effet, l'étude de l'hérédité est assez complexe : plusieurs gènes semblent être impliqués (caractère polygénique), et leur effet peut être aggravé par des conditions environnementales, d'élevage et de

croissance. Le comportement génétique récessif peut cacher la présence du caractère qui peut ne pas se manifester chez les parents pour se manifester ensuite chez les portées. Certaines races semblent être plus prédisposées que d'autres. La construction anatomique des os et des muscles, notamment l'ampleur des os pelviens et leur inclinaison jouent probablement un rôle déterminant. La dysplasie se manifeste plus facilement chez les sujets à croissance rapide. L'examen radiographique de l'articulation coxo-fémorale est aujourd'hui un moyen reconnu et universellement accepté pour identifier les sujets malades et les porteurs d'anomalies moindres. La radiographie doit être exécutée par un vétérinaire spécialiste, et le chien doit être sous anesthésie afin d'obtenir une bonne relaxation musculaire et par conséquent un positionnement du dos et du ventre correct.

Les pathologies fréquentes chez le Shar-pei

Le Shar-pei possède un système immunitaire plutôt déficient ; par conséquent, il est plus enclin aux maladies que les autres races. Voici les plus fréquentes.

Les allergies et les dermatites : les Shar-pei sont sujets à de nombreuses formes d'allergies d'origines diverses : la nourriture, le pollen, la laine, les substances chimiques, les produits de nettoyage, les piqûres d'insectes, les déficiences hormonales, etc. Les symptômes qui se manifestent très communément lors des allergies sont une rougeur de la peau et des yeux, un écoulement oculaire, un gonflement des membres antérieurs et postérieurs. Dans le cas de piqûres d'insectes, un gonflement et une tuméfaction. Malheureusement, il n'est pas toujours facile d'en détecter la cause, et il faut souvent avoir recours à de nombreux tests. Un shampooing médicamenteux et un traitement à base d'oxyde de zinc peuvent souvent donner des résultats positifs. Il faut également garder à l'esprit que la manifestation des allergies pourrait être due à une prédisposition génétique, par conséquent, les sujets qui présentent ces formes d'allergies ne devraient pas être utilisés pour la reproduction.

Les abcès : la peau délicate et fragile du Shar-pei favorise ce type de pathologie. Les abcès se manifestent à la suite de la piqûre d'un insecte ou de la morsure d'un autre animal, ce qui provoque la formation d'une infection sous-cutanée. Ils peuvent être évités en nettoyant soigneusement la partie concernée avec un savon antibactérien, de l'eau oxygénée, de la teinture d'iode ou autre et en administrant un antibiotique. En cas d'écoulement d'un liquide jaunâtre et purulent, il convient d'avoir recours au vétérinaire.

La dilatation gastrique : il s'agit d'un ensemble de symptômes qui demande l'intervention immédiate du vétérinaire. La partie supérieure de l'estomac se gonfle à cause de la présence d'une grande quantité de gaz à l'intérieur. Le chien aura une salivation abondante, des haut-le-cœur, les muqueuses cyanosées, et il éprouvera une douleur abdominale aiguë. Le stade final de cette affection est la torsion de l'estomac, et seule une intervention chirurgicale immédiate pourra sauver la vie de l'animal. On a obtenu quelques succès, en intervenant de façon immédiate avant que la torsion de l'estomac ne se produise. Il faut introduire une sonde en plastique à travers l'œsophage jusqu'à l'estomac afin d'éliminer les gaz contenus. Aux sujets qui se sont trouvés confrontés à ce problème, il convient de distribuer deux repas légers par jour à la place d'un seul et faire en sorte qu'ils aient toujours de l'eau fraîche à leur disposition.

L'entropion : il s'agit de l'enroulement de la paupière vers l'intérieur de l'œil qui, à cause du frottement des cils sur le globe oculaire, provoque des kératites devenant rapidement des ulcérations si elles ne sont pas soignées. Pour contourner cet inconvénient l'éleveur amène le chien chez le vétérinaire afin qu'il fasse des points de suture sur les paupières de façon à obliger le muscle de la paupière à travailler. L'entropion est très commun chez cette race à cause du caractère lâche de la peau, des rides et de la conformation de la tête.

L'inflammation de la troisième paupière : cette pathologie indique un léger gonflement rose ou rouge au coin interne de l'œil. Il s'agit d'une inflammation ou de l'infection d'une glande à l'intérieur de la troisième paupière. La fonction de cette glande est de produire une partie de la sécrétion lacrymale nécessaire à la lubrification de l'œil. Généralement elle est retenue à l'intérieur par certains petits muscles qui, en cas d'inflammation, ne sont plus capables de la contenir dans son siège. S'il n'est pas possible de résoudre le problème avec un traitement spécifique, on peut procéder à son ablation, même s'il est conseillé de la remettre en bonnes conditions grâce à une intervention chirurgicale.

Les hernies : les Shar-pei sont sujets à plusieurs types de hernies : ombilicale, inguinale et périnéale. Le caractère fragile des tissus internes peut être la cause de la hernie inguinale, qui est la plus importante et la plus dangereuse. Lorsqu'on soulève un chiot, il convient de faire très attention, car la façon de le soulever et de le prendre dans les bras peut provoquer ce type de hernie. Parfois, celle-ci peut être résorbée pendant la croissance du chiot, dans le cas contraire, seule une intervention chirurgicale peut résoudre le problème.

La familiar Shar-pei fever : il s'agit de fièvres soudaines qui se manifes-

tent sans raison spécifique. Ces épisodes fiévreux récurrents sont accompagnés de certains des symptômes suivants : gonflement d'un ou des deux jarrets, épine dorsale courbée et douleurs abdominales, diarrhée. Une étude récente montre que cette affection concerne 18% des sujets. Le traitement immédiat est constitué d'un antipyrétique afin de faire descendre la température et d'un antibiotique. La fièvre dure entre vingt-quatre et trente-six heures et disparaît souvent sans traitement ; toutefois, il est conseillé d'intervenir pour abaisser la température.
Cette pathologie se manifeste chez les sujets ayant entre deux et dix-huit mois, rarement chez les adultes.
L'otite : il n'est pas rare que les Shar-pei souffrent d'une inflammation chronique des oreilles. Il convient donc de garder toujours propre et sec l'intérieur du conduit auditif ; le nettoyage peut se faire à l'aide de coton et de produits spécifiques. Il faudra prêter une attention particulière à ne pas faire pénétrer l'eau à l'intérieur de l'oreille du chien durant les séances de lavage.
L'insuffisance rénale : elle est provoquée par l'amyloïdose (dépôt de la protéine amyloïde). Étant donné que cette pathologie est héréditaire, un bon éleveur n'utilisera jamais les sujets atteints pour la reproduction. Les premiers symptômes se manifestent quand le chien a trois ans, donc, la maladie se trouve à un stade très avancé. Aux États-Unis, on est en train de mettre au point un test pour déterminer la présence de cette anomalie et certifier son absence dans le pedigree.

Les urgences

État de choc

L'état de choc se vérifie quand :
– il existe un grave déséquilibre cardio-vasculaire ;
– on décèle une vaso-dilatation périphérique ;
– il y a accumulation de substances toxiques dans les tissus.

Les causes
De forts traumatismes : hémorragies ; réactions anaphylactiques ; pathologies cardiaques et neurologiques ; toxémies et déshydratation ; choc électrique.

Les symptômes
Muqueuses pâles : état de dépression ; diminution de la température corporelle et tremblements musculaires ; pouls faible et rapide ; respiration superficielle ; perte de selles et d'urine ; vomissements ; syncope.

Comment intervenir
Garder le chien au chaud, bien calme ; faire appel à un vétérinaire pour d'éventuelles perfusions de solutés ou des transfusions de plasma, administration de traitements antichoc, antalgiques, analeptiques, oxygène. Le chien doit être gardé sous contrôle pendant

quelques jours afin de s'assurer que le phénomène est complètement maîtrisé.

Empoisonnement

Il peut être accidentel ou intentionnel. Si vous vous apercevez que votre chien a ingéré des substances dangereuses, vous pouvez provoquer les vomissements en lui faisant boire un demi-verre d'eau où a été dissoute une demi-cuillerée à café de sel, ou en stimulant le palais et la gorge. Ces opérations doivent être évitées si le chien a ingéré des acides ou des alcalins forts, ou encore des objets coupants. Afin d'éviter les empoisonnements intentionnels, il est nécessaire d'apprendre à votre chien à refuser de la nourriture proposée par des étrangers ou des bouchées de nourriture abandonnées. Afin d'éviter l'empoisonnement accidentel, il est nécessaire d'appliquer des normes de bon sens.

EMPOISONNEMENTS ACCIDENTELS

Types de poison	***Symptômes***
insecticides à base de phosphore	salivation, contractions musculaires, convulsions, vomissements, diarrhées, rétrécissement de la pupille (myosis), broncho-spasme, œdème pulmonaire, cyanose
strychnine	convulsions, dyspnée, écume à la bouche, asphyxie par paralysie spasmodique des muscles intercostaux et du diaphragme, mort
produits à base de cyanure (désherbants)	étourdissements, perte des forces musculaires, respiration haletante, collapsus, mort. L'haleine a une odeur d'amandes amères
raticides	salivation abondante, vomissements, œdème pulmonaire et dyspnée, faiblesse musculaire, pouls faible
décapants	dépression, fièvre, hémorragies multiples associées au manque de coagulation, ecchymoses sur la peau, anémie, pouls faible, dyspnée, mort
antigel (produit chimique)	pouls rapide, délire, dyspnée, vomissements, absence d'urine, déshydratation
médicaments	variables en fonction des produits

COMMENT ÉVITER LES EMPOISONNEMENTS ACCIDENTELS ?

- *Évitez que le chien avale du shampooing ou autres produits antiparasitaires lorsqu'il est en traitement.*
- *Évitez la libre circulation du chien dans des endroits qui ont été dératisés ou désinfectés récemment.*
- *Gardez hors de portée du chien les produits chimiques.*
- *Gardez tous les médicaments, les produits toxiques et chimiques hors de sa portée.*
- *Ne placez pas des produits toxiques à côté des aliments.*
- *Ne laissez pas sa gamelle dans le jardin quand on l'arrose de produits antiparasitaires.*
- *Éliminez tous les animaux morts qu'on peut trouver dans le jardin.*

Piqûres d'insectes

Souvent les chiens sont piqués à la tête par des abeilles, des guêpes, des taons, etc. Les piqûres, certes douloureuses, ont des effets passagers, parfois très légers. En général, il suffit de refroidir la partie avec de l'eau fraîche et d'administrer par voie orale des antihistaminiques. Cela peut être plus grave quand l'animal est piqué à la gorge en tentant de manger l'insecte. Dans ce cas, la sensation de gonflement peut être importante et il y a risque d'étouffement.

Il convient donc de consulter immédiatement le vétérinaire et, si cela n'est pas possible, de pratiquer le plus vite possible une piqûre d'antihistaminique. Dans le cas de piqûres multiples, consultez très vite le vétérinaire, qui sera en mesure d'intervenir avant que se produise un choc anaphylactique.

Morsure de vipère

Le museau est la partie la plus exposée. Généralement, le chien se fait mordre pendant son attaque contre le serpent. S'il est en bonne santé, il peut surmonter l'empoisonnement, qui demande toutefois un sérum antivenimeux et l'assistance du vétérinaire.

Coup de chaleur

Il a généralement lieu pendant l'été ou dans les saisons chaudes, notamment quand le chien est laissé dans la voiture avec les vitres fermées. Afin de maintenir sa température corporelle, le chien se place généralement en contact avec des surfaces fraîches et à l'ombre ; puisque dans un tel cas il ne peut pas le faire, il augmente sa ventilation pulmonaire, mais parfois cela ne suffit pas. Les symptômes évidents sont le chancellement, l'augmentation considérable de la température rectale, la peau chaude et sèche, le pouls rapide, une dyspnée, une syncope et la mort. En présence de ces symptômes, essayez d'abaisser la température pour surmonter l'état de syncope en mouillant le chien avec de l'eau froide et en le faisant reposer à l'ombre dans un endroit frais. Appelez d'urgence le vétérinaire.

Fractures

Les fractures les plus fréquentes sont généralement celles des membres de la colonne vertébrale et de la mâchoire. Cela est normalement la conséquence de traumatismes graves – le chien se fait renverser par une voiture ou tombe d'une certaine hauteur. Un ou plusieurs os peuvent être en cause et dans les cas les plus graves les abouts osseux peuvent sortir de la blessure (fracture ouverte). Les symptômes sont une boiterie et une douleur forte, une tuméfaction, des hémorragies, une parésie ou une paralysie et dans les cas les plus graves un état de choc. Dans un tel cas, il convient de laisser le chien le plus tranquille possible pour lui donner le temps de se remettre de la peur et de s'adapter à la douleur. En cas de fracture des membres, essayez de le bouger le moins possible et, si le vétérinaire ne peut pas intervenir immédiatement, immobilisez les membres concernés avec des baguettes de bois ou de carton et un bandage. Nettoyez et désinfectez toujours les blessures infectées et recouvrez-les avec des bandages. Si le chien n'est pas en mesure de bouger, déposez-le par terre et transportez-le chez le vétérinaire à l'aide d'une toile, tout en veillant à ne pas solliciter la colonne vertébrale. Une visite vétérinaire complétée d'analyses radiologiques est toujours conseillée, même en cas de traumatismes légers et de symptomatologie faible ; en effet, les fractures légères négligées peuvent être la cause de certaines anomalies persistantes.

Conseils en cas d'urgence

Comment se comporter avec un chien traumatisé

Le chien traumatisé, généralement après avoir été heurté par un véhicule, est toujours très effrayé. C'est pourquoi il faut s'approcher de lui avec précaution, afin d'éviter que le chien n'ait encore plus peur et ne s'échappe, sans donner au secouriste la possibilité de l'aider. Parlez-lui d'une voix calme et tentez de le rassurer au lieu de l'obliger à s'arrêter. Si le traumatisme a été particulièrement violent, le chien pourrait se trouver en état de choc avec des douleurs très fortes dues aux fractures et aux contusions. Dans ce cas, il faut s'approcher de lui toujours avec calme et en lui parlant doucement. Le chien va reconnaître votre voix et cela va le rassurer. Ne faites pas de mouvements brusques et faites attention, car la peur et la douleur pourraient le rendre particulièrement irritable et agressif, et, pour vous remercier de vos soins, il pourrait essayer de vous mordre. Si c'est le cas, mettez-lui une muselière ou un lacet de secours avant de le déplacer ou de le soulever. Essayez de garder votre calme, car il va percevoir votre tension et cela ne fera qu'augmenter son irritabilité. Il faut le secourir avec délicatesse et le transporter au plus vite chez un vétérinaire ou dans un centre de secours.

Comment le transporter

Si le chien n'est pas en mesure de se soulever spontanément et de marcher, vous devez essayer de le soulever de la façon la moins traumatisante possible.

Les chiens de taille importante peuvent être transportés avec des civières de secours comme une couverture, un manteau, une toile dont les quatre coins servent de poignées. Faites le moins possible de déplacements ; si les membres postérieures vous semblent complètement paralysées, vous pouvez soupçonner un traumatisme à la colonne vertébrale. Dans ce cas, essayez de ne pas faire subir à l'échine des torsions qui pourraient compromettre la récupération des fonctions de la moelle épinière.

Comment intervenir sur une blessure

Il n'est pas possible de traiter de façon spécifique les diverses blessures qu'un chien peut se donner en jouant, en travaillant et parfois en mangeant. Toutefois, il y a certaines règles générales qui peuvent vous aider.

La première règle est d'arrêter l'hémorragie en pressant la zone de la blessure avec un mouchoir ou une toile propres ; s'il s'agit d'une hémorragie intense, par exemple pour les blessures aux pattes, essayez de l'arrêter en faisant pression au-dessus la coupure. Vous verrez que le flux diminue immédiatement. Utilisez une ceinture, une corde ou une cravate comme garrot et serrez tout en relâchant de temps en temps (dix minutes) afin de faire circuler le sang dans la patte. En revanche, si la blessure se trouve dans l'abdomen ou au thorax, essayez de comprimer avec une serviette ou une toile pliées. Dans la plupart des cas on arrive à arrêter ainsi le sang, mais parfois il est nécessaire que le vétérinaire suture le vaisseau sanguin afin de bloquer définitivement l'hémorragie.

La deuxième règle est de désinfecter abondamment la blessure en essayant d'enlever la terre et les saletés. Attention, le chien est irritable et pourrait vous mordre. Mettez-lui une muselière avant de commencer. Sur la blessure lavée et désinfectée, vous pouvez mettre un bandage provisoire qui l'empêchera de se salir à nouveau ; ensuite, allez chez le vétérinaire, qui va constater l'étendue réelle des lésions. Les bles-

sures aux membres peuvent en effet concerner les tendons et les nerfs qui doivent être suturés au plus vite afin d'éviter des lésions permanentes.
Si la blessure correspond à une fracture ouverte, essayez de la laver avec une solution physiologique et de l'eau oxygénée, couvrez avec un bandage et allez chez le vétérinaire. Les tissus lésés s'infectent facilement et peuvent donner naissance à des maladies très difficiles à soigner (ostéomyélite).

Lésions aux yeux, aux oreilles ou au nez

Les griffures des chats et des autres chiens peuvent causer des lésions graves à la cornée. Un traumatisme violent est capable de faire sortir le globe oculaire de son orbite. Il convient de laver l'œil blessé avec une solution physiologique, de l'eau boriquée ou, si vous n'avez rien d'autre, de l'eau pure ; gardez l'œil blessé humide à l'aide d'un mouchoir et allez vite chez le vétérinaire. Faites attention, car les lésions aux yeux sont très douloureuses.
Le traumatisme qui atteint le plus souvent les oreilles est la blessure par lacération et saignement ou un hématome à l'intérieur du pavillon auriculaire. Dans tous les cas, essayez d'arrêter l'hémorragie en comprimant la partie ou en bandant l'oreille et en appliquant de la glace. Consultez au plus vite le vétérinaire.
Les hémorragies du nez sont peut-être les plus impressionnantes. En général, le chien est gêné par le sang qui coule et éternue, ce qui fait apparaître des gouttelettes rouges tout autour de lui. L'épistaxis peut être la conséquence d'un empoisonnement, ou de l'introduction de minuscules corps étrangers dans le nez qui détériorent des vaisseaux sanguins, ou d'une irritation forte qui provoque des éternuements violents.
Essayez de stopper l'écoulement de sang avec des glaçons et allez chez le vétérinaire.

Brûlures

Les brûlures chez le chien ne sont pas très fréquentes, du moins celles dues au feu, car son instinct le pousse à s'en éloigner. Toutefois, il peut y avoir d'autres causes, comme de l'eau bouillante dans une casserole ou des substances chimiques brûlantes qui lui tomberaient dessus par accident. La première intervention est de laver l'endroit brûlé à l'eau froide pour enlever la substance irritante et de le refroidir en cas de brûlure de chaleur. Préparez des compresses froides que vous mettrez sur la brûlure pour éviter la vasodilatation. Couvrez la partie brûlée et allez chez le vétérinaire, qui contrôlera l'état de choc qui peut se produire à la suite d'une brûlure étendue.

Gelure

Dans nos climats, ce n'est pas un phénomène très fréquent, toutefois, cela peut se produire à la montagne.

En général, les parties atteintes sont les membres et la pointe des oreilles. Portez l'animal dans un endroit chauffé et couvrez-le de façon à faire monter la température. Massez délicatement les parties gelées et essayez de les chauffer avec des tissus tièdes ou des bouillottes. La couleur rosée de la peau indique que le sang recommence à circuler.

Étouffement

Il s'agit d'un cas d'urgence qui demande une réaction immédiate. Ouvrez la gueule du chien, qui essaie déjà d'enlever l'objet dérangeant, baissez sa langue et regardez au fond de la gorge. Si vous voyez l'objet, enlevez-le. Afin d'éviter que le chien ne vous morde, écrasez légèrement une partie de sa lèvre entre les dents, cela l'empêche de fermer la bouche. Si vous ne voyez rien et si le chien est trop lourd pour être soulevé par les pattes postérieures et secoué pour enlever l'objet, donnez-lui des coups, avec assurance mais pas trop violents, contre le thorax. L'air éjecté pourrait faire bouger l'objet obstruant.

Crises de convulsions et d'excitation

Généralement ce type de crise effraie le propriétaire la première fois, surtout si elle est particulièrement intense. Dans de telles circonstances, essayez de garder le chien dans un endroit où il n'y a pas de meubles à angles saillants afin qu'il ne se blesse pas lors de la phase de convulsions ou d'excitation. Quand la crise est passée, laissez l'animal dans une pièce calme, en limitant les bruits et la lumière tant qu'il ne sera pas complètement rétabli ; couvrez-le avec une couverture. Quand la crise est définitivement surmontée, emmenez-le chez le vétérinaire.

Comment administrer les médicaments

Malheureusement, un chien malade est un sujet irritable et pas toujours bien disposé à prendre des médicaments de bon gré. Par conséquent, il faut utiliser la ruse pour la première tentative et l'autorité pour la deuxième. Les médicaments par voie orale sont de types différents, mais dans un intérêt pratique nous pouvons distinguer des comprimés, des capsules, des dragées et des médicaments liquides.

Pour le premier type, on peut essayer de les administrer en dissimulant leur goût avec celui d'un aliment très apprécié par le chien (fromage, viande). S'il s'agit de poudre ou de comprimés émiettés, on peut la mélanger à un peu de viande qu'on lui donnera au début du repas, le reste étant offert après s'être assuré qu'il a bien mangé la première partie. Toutefois, dans certains cas, le médicament ne peut pas être mélangé à l'aliment car il pourrait s'abîmer ou parce que son goût est tellement fort que le chien le détecte et le refuse. Dans ce cas, ouvrez la gueule du chien, introduisez le comprimé bien en profondeur et refermez la gueule du chien en la gardant bloquée vers le haut et en lui massant la gorge pour l'aider à déglutir. Assurez-vous que le chien a bien avalé son médicament car parfois il le garde au coin de la bouche pour le cracher dès que vous avez tourné le dos. Les médicaments liquides peuvent être administrés à l'aide de seringues privées d'aiguilles, avec des pompes en caoutchouc ou avec des compte-gouttes. Gardez la tête soulevée, introduisez la seringue au coin de la bouche entre les lèvres et faites couler le liquide doucement pour qu'il puisse être dégluti. Il ne faut jamais administrer des liquides en gardant la gueule du chien ouverte de force. Cela l'empêche de déglutir et peut provoquer une suffocation.

Médicaments par administration parentérale

Ce type de médicament est administré à l'aide d'injections sous-cutanées, intramusculaires ou intraveineuses. Le maître doit apprendre à les faire lui-même afin de poursuivre les traitements prescrits par le vétérinaire, en utilisant toujours des seringues prévues par un seul usage ou stérilisées. Il suffit de soulever un pli de peau, le long du dos du chien, entre le cou et les côtes. Désinfectez la peau en déplaçant les poils et introduisez la pointe de l'aiguille. Ensuite injectez le médicament. Si le produit est irritant, faites-vous aider par une autre personne qui immobilisera le chien.

Médicaments pour les otites

Soulevez la pointe de l'oreille et introduisez le compte-gouttes dans le conduit auditif. Laissez couler quelques gouttes et massez la partie en dessous afin de bien répartir le produit. Gardez la tête du chien bloquée pendant quelques minutes car dans le cas contraire il la secouera pour libérer l'oreille du liquide qui l'irrite.

Médicaments pour les yeux

Gardez la tête du chien soulevée et laissez tomber quelques gouttes de collyre sur la cornée. Si vous devez lui mettre une pommade, baissez la paupière inférieure et mettez un peu de pommade à l'intérieur. Fermez l'œil et massez afin de bien répartir la pommade. Enlevez l'excès de pommade avec un mouchoir.

Suppositoires

Il n'est pas très fréquent d'utiliser des suppositoires pour les chiens, toutefois, cela peut s'avérer nécessaire afin de calmer une douleur très forte. Dans ce cas, humidifiez le suppositoire avec de l'eau, soulevez la queue du chien et introduisez-le délicatement et sans forcer. Faites bien pénétrer le suppositoire à l'aide d'un Coton-tige. Gardez la queue du chien baissée sur la zone périnéale afin d'éviter que le chien n'éjecte pas le médicament.

Les expositions

Ce chapitre ne concerne pas uniquement les Shar-pei, car les expositions canines concernent toutes les races. Les propriétaires de Shar-pei ayant des envies d'expositions pour leurs sujets doivent connaître les caractéristiques principales et les normes de fonctionnement.

Les expositions canines sont des manifestations cynophiles où les chiens sont soumis à un jugement sur leur beauté et leur conformation extérieure, et ce en relation avec le standard spécifique de la race d'appartenance.

Le jugement des juges se concrétise par l'attribution de qualifications prenant en compte la valeur relative des sujets participants. Ces manifestations peuvent avoir un caractère international, où les juges sont autorisés à attribuer un certificat d'apti-

Ch. Stone Oak's Black Tatoo avec la jeune handler Chrissy Brisson. Propriétaire : Brisson (photo Harkins)

LE PEDIGREE

Le certificat du Livre des origines français (LOF), plus communément appelé « pedigree », est un certificat délivré par la SCC. Outre le descriptif, le nom et la date de naissance de votre Shar-pei, le pedigree porte ses numéros de LOF et de tatouage, les cordonnées et éventuellement l'affixe de l'éleveur. De plus, le pedigree atteste des origines de votre chien : il y figure les noms et titres de ses ascendants sur plusieurs générations.
Ce document doit être conservé précieusement. D'une part le pedigree certifie que vous êtes bien le propriétaire de votre chien et d'autre part il vous permet le faire participer aux expositions. Et plus tard, dans le cas d'une portée éventuelle, les chiots seront enregistrés de manière automatique et pourront avoir eux aussi un pedigree.

tude au championnat international de beauté (CACIB) et un certificat d'aptitude au championnat de France de beauté (CAC), ou bien elles ne sont que nationales, et les juges ne peuvent qu'attribuer le certificat national.
Il y a en outre des manifestations annuelles à caractère européen, où sont proclamés les champions européens, et d'autres à caractère mondial, toujours annuelles, où sont élus les champions mondiaux de beauté pour chaque race participante. Lors des manifestations régionales et départementales, les juges ne sont pas autorisés à donner les certificats valables pour obtenir le titre de champion.
Il y a enfin des manifestations spéciales pour chaque race, et les qualifications peuvent être valables afin d'obtenir le titre de champion.
Lors des expositions reconnues, les juges attribuent les qualifications suivantes.
Excellent : attribué aux chiens qui s'approchent le plus du standard idéal de la race, présentés dans des conditions parfaites réalisant un ensemble harmonieux et équilibré.
Très bon : attribué aux sujets en parfaitement typés et conformes au standard même si quelques petits défauts, non morphologiques, sont tolérés.
Bon : attribué aux sujets qui possèdent les caractéristiques de la race même s'ils ont quelques défauts.
Assez bon : attribué à des sujets suffisamment typiques de la race, sans qualités particulièrement remarquables ou qui ne sont pas dans des conditions physiques parfaites.
Depuis 1982, un livret de qualification a été dressé. Dans ce livret sont enregistrées toutes les manifestations qui ont vu la participation du sujet et les qualifications obtenues. Ce livret est obligatoire pour les manifesta-

Ch. A-Capella Good Golly Molly et Ch. A-Capella Ms. Field's of G.G. avec leurs propriétaires, le couple Tingen (photo Harkins)

tions promues par la SCC. La Fédération cynologique internationale (FCI) a partagé les différentes races dans un nombre donné de classes. Dans un premier temps les Shar-pei appartenaient à la classe « chiens de compagnie » ; depuis le début de 1992, il y a eu une redivision des classes et les Shar-pei sont apparus dans la classe « chiens de type Pinscher et Schnauzer, Molossoïdes et Bouviers suisses ».
Honnêtement, étant donné l'indolence et le caractère « mou » de ce chien, je ne sais pas si cette classification est très appropriée.

Le champion

À mesure que votre chiot Shar-pei grandit et que son aspect commence à ressembler à celui d'un guerrier antique, sérieux et renfrogné, ses muscles et ses os commencent à devenir forts, le poil de sa robe hirsute et piquant, et vous commencerez à penser que vous pouvez en faire un champion.
Si, pour vous, la cynophilie a toujours été une notion abstraite, à laquelle vous n'aviez jusqu'alors attaché que peu d'importance, vous commencerez à vous y intéresser,

Margen River's Edge (Ch. am., it., mond. 96, Award of Merit Westminster 1995) avec la propriétaire et éleveur Dee Dee Wells à Budapest 96. Sujet confié en Italie aux élevages Ciancjsgru et Khambaliq

Kimms Deacon Jones (Ch. am., it., int, eur. 94, suis., fran., Top Dog 95, vainqueur à Longchamp 96) ; il est à l'heure actuelle le Shar-pei le plus titré au monde. Éleveur : Goza. Propriétaire : élevage Ciancjsgru (photo Legrenzi)

découvrant les caractéristiques indispensables pour que votre Shar-pei devienne un champion national de beauté et, pourquoi pas, un champion international, voire mondial. Vous commencerez alors à fréquenter les expositions canines et à observer les sujets exposés, leurs prestations physiques et leur façon de se présenter face aux juges. Bien sûr, vous trouverez que votre Shar-pei, même s'il ne participe pas car il n'a pas atteint l'âge, est meilleur que les autres, vous vous mettrez à la place du juge et serez tenté d'accentuer les défauts des participants, étant convaincu que votre Shar-pei aurait eu plus de succès.

Finalement, vous déciderez d'inscrire votre Shar-pei à une exposition canine puis à une exposition internationale, plus importante et plus prestigieuse. Et voici que commencent les premières déceptions et les premières angoisses. Votre Shar-pei sera mal à l'aise et craintif sur le ring, il ne voudra pas marcher, il gardera la queue baissée et refusera de montrer ses dents au juge et ainsi de suite jusqu'à la fin quand sur le livret sera marqué « très bon ». Vous vous fâcherez, vous direz que le juge n'y comprend rien, que votre chien est le meilleur et méritait la victoire, que si cela ne s'est pas avéré c'est par un coup de malchance ou à cause d'une mauvaise journée pour votre Shar-pei.

Il est tout à fait possible qu'un Shar-pei devienne un champion – et cela vaut pour toutes les races – pourvu qu'il ait les qualités nécessaires, mais il très improbable d'obtenir des succès toujours et n'importe où dès les premières expositions. Il faut avoir beaucoup de patience et de constance.

Une bonne règle est de commencer par les expositions régionales, où les participants sont en nombre inférieur, les juges un peu moins exigeants et où le livret de votre Shar-pei ne peut être entaché par un jugement autre que flatteur. En effet, le plus souvent, les jugements ne sont pas enregistrés.

Votre Shar-pei va s'habituer à marcher gentiment sur le ring à votre gauche, il commencera à avoir un aspect fier et imposant et à prendre conscience de l'épreuve à laquelle il est soumis.

Il acceptera de bon gré de se faire examiner les dents, toucher le poil et, si c'est un mâle, les testicules.

Lors de ces expositions il commencera à amonceler ses premières récompenses : des coupes et des cocardes qui seront placées bien en vue à l'intérieur de votre maison et que vous montrerez plein d'orgueil à vos amis et à votre famille.

Après quelques-unes de ces expériences, vous pourrez songer aux expositions nationales et internationales. Cette fois cela se déroulera différemment ; votre Shar-pei s'est habitué au ring. Il marchera sûr de lui à vos côtés en gardant la tête bien haute et la queue bien érigée au-dessus du dos ou enroulée en boucle sur le côté. Il s'adaptera à tous les examens et aux diverses épreuves.

Quand vous trouverez sur votre livret « 1er EXC. CAC » (certificat d'aptitude au championnat), vous serez enthousiasmé et comprendrez que la voie pour faire de votre Shar-pei un champion est désormais ouverte. Il suffit de faire preuve de constance et de bonne volonté pour atteindre cet objectif.

Ch. d'Afrique du Sud, Top Dog 1993, Khambaliq Cinnamon, sujet fauve brush coat. *Propriétaire : L. Zetler*

Index analytique

Achevé d'imprimer

en septembre 2007
à Milan, Italie, sur les presses
de Grafiche Milani
Dépôt légal : octobre 2007
Numéro d'éditeur : 10108

Achevé d'imprimer

en septembre 2007
à Milan, Italie, sur les presses
de Grafiche Milani
Dépôt légal : octobre 2007
Numéro d'éditeur : 10108